KB107588

살리에리를 위한 변명

TADASHII URAMI NO HARASHIKATA
Copyright © 2015 by Nobuko Nakano & Masato Sawada
All rights reserved.
No part of this book may be used or reproduced in any manner whatever without written
permission except in the case of brief quotations embodied in critical articles or reviews.
Original Japanese edition published by POPLAR Publishing Co., Ltd., Japan
Korean Translation Copyright © 2015, 2018 by PLUTO
Korean edition is published by arrangement with POPLAR Publishing Co., Ltd.
through BC Agency

이 책의 한국어판 저작권은 BC 에이전시를 통한 저작권자와의 독점계약으로 플루토에 있습니다.
저작권법에 의해 한국 내에서 보호를 받는 저작물이므로 무단전재와 복제를 금합니다.

우리가 시기와 질투, 분노와 원한...
부정적 감정에 시달리는 이유

살리에리를 위한 변명

뇌과학자 **나카노 노부코**와 심리학자 **사와다 마사토** 지음 ㅣ 노경아 옮김

플루토

우리에게 '시기와 질투, 분노와 원한'은
어떤 의미인가

"나의 원동력은 분노다. 분노가 없었다면 아무것도 할 수 없었을 것이다."

2014년 10월, 청색 발광다이오드LED에 관한 연구로 노벨 물리학상을 수상한 나카무라 슈지中村修二가 기자회견에서 한 말이다. 능력과 성과를 제대로 평가해주지 않는 기업과 사회에 대한 분노, 조금 거창하게 말한다면 '원한'을 원동력 삼아 큰 성과를 낸 좋은 예라 할 수 있다.

그러나 이처럼 분노와 원한을 긍정적으로 활용하기란 그리 쉬운 일이 아니다.

이렇게 말하는 나도 마찬가지다. 다른 연구자가 내가 발표한 논문과 데이터를 비판하는 논문을 썼다고 하자. 물론 이런 비판 덕분에 학문이 발전하는 측면도 있으니 전부 부정적으로 받아들일 것까지는 없다. 연구는 연구로 대결하면 될 일이다. 그러나 시시콜콜 사소한 부분까지 지적하거나 도무지 수긍할 수 없는 논리로 내 연구를 싸잡아 부정하면 치밀어 오르는 화를 참기 어렵다. 그럴 때마다 '아무도 내 연구에 관심을 갖지 않는 것보다는 낫지' 하고 애써 마음을 다스리는 수밖에 달리 방법이 없다.

살다보면 이런 일은 수도 없이 일어난다.

나에게 나쁜 평가를 내린 상사의 얼굴을 떠올릴 때마다 장이 뒤틀리는 기분이 들고, 친구나 지인의 활약과 성공 소식을 접할 때마다 순수하게 축하해주지 못하고 적의마저 품게 된다. 동기의 출세에 기분이 나빠졌는데 또 그런 내가 부끄럽고 싫어 견딜 수가 없고, 회사의 평가와 인사조치가 마음에 들지 않아 차라리 자신을 비하하는 사람도 적지 않을 것이다.

게다가 최근 우리 일상에 깊이 뿌리 내리고 있는 트위터나 페이스북, 인스타그램 같은 SNS에서 잘나 보이는 능력자들의 활약, 행복해 보이는 사람들의 생활을 접할 때마다 부러움을 품고 괴로워한다.

반대의 경우도 생각해볼 수 있다. 내 생활 속에서 행복한 부

5

분만 잘라내 SNS에 올리다 보면, 이를 호의적으로 봐주는 사람도 있지만 이를 보고 시기심을 느끼는 사람도 있을 것이다. 그야말로 SNS는 시기와 질투, 분노와 원한을 조장하는 세상이 구체적으로 실현된 공간 같다.

그런데 우리는 왜 시기와 질투, 분노와 원한처럼 되도록 피하고 싶은 괴로운 감정을 가지고 사는 걸까? 심지어 이 감정들은 우리를 더욱 부정적인 행동으로 몰고 갈 때도 많은데 말이다. 또한 누군가를 못 견디게 원망하거나 질투할 때 우리의 마음과 뇌에는 어떤 일이 일어날까?

이 책은 이러한 궁금증에 대해 심리학자와 뇌과학자가 전하고 싶은 이야기를 담고 있다.

나는 감정을 주로 연구하는 심리학자인데, 이 책에서는 뇌신경과학을 전문으로 하는 나카노 노부코 선생과 힘을 합쳐 시기와 질투, 분노와 원한 같은 '부정적 감정'이 무엇인지, 우리 인간에게 어떤 의미인지를 설명하려고 했다.

심리학과 뇌과학은 일반적으로 인간의 '마음'을 해명하는 학문으로서 비슷한 게 아닌가 생각하는 사람도 있지만 둘은 마음을 설명하는 지표가 전혀 다르다. 간단히 말해 심리학에서는 행동을, 뇌과학에서는 신경을 지표로 삼는다. 그러나 둘다 마음 자체를 다루지는 않으면서 마음의 작용을 해명하는 것이 목표인 점에서는 동일하다.

　나는 이 책을 통해 시기와 질투, 분노와 원한 같은 부정적 감정의 정체를 밝히고, 이 감정들을 효과적으로 다루는 법을 제안하려 한다. 품고 있으면 괴롭고 통제하기 어려운 부정적 감정에도 분명히 의미가 있다. 그것을 알기만 해도 지금까지 보아왔던 세계가 확 달라질 것이다.

심리학자 사와다 마사토

저자의 말

인간의 어두운 면에는 매력이 있다

인간만큼 재미있는 존재도 없다.

우리들은 흔히 인간의 밝고 따뜻한 면에 주목하지만, 그 어두운 내면에는 광대한 암흑이 우주 공간처럼 펼쳐져 있다. 내가 새삼 말할 필요도 없이 그 어둠을 다룬 예술작품도 셀 수 없이 많다. 인간이 지닌 암흑에는 거부할 수 없는 매력이 있는 것이다.

나는 낮의 풍경보다 밤 풍경을 더 좋아한다. 그리고 도시의 불빛에 물든 화려한 야경도 좋아하지만 어둑어둑한 시골의 밤 하늘을 더 좋아한다. 희망사항을 말하자면 달도 뜨지 않은 어느 밤에 도시에서 멀리 떨어진 사막 한가운데, 또는 망망대해에 떠 있는 외딴섬에 가보고 싶다. 거기서 혼자 올려다보는 밤하늘은 더없이 각별할 것이다. 평소에는 볼 수 없는 많은 별들이 모습을 드러내겠지.

사실 우리가 태어나고 자란 우주는 온통 이런 암흑이다. 언뜻 밝은 낮과 어두운 밤이 반반이라고 생각할지 모르겠다. 하지만 사실 밝은 낮은 질소, 산소, 수증기 등 지구의 대기성분이 태양광을 산란시켜서 만들어낸 이상한 광경이다. 그렇게 생각하니 오히려 밤의 암흑이 우리를 부드럽게 감싸줄 때 마음이 편안해지는 것 같다. 어쩌면 이런 기분은 거대한 포식자의 위협에서 벗어나 살아남으려 애썼던 아득한 조상의 기억인지도 모르겠다.

인간의 밝음을 이상적인 모습, 사회가 기대하는 바람직한 모습에 빗댄다면, 인간의 어둠은 마음놓고 드러낼 수는 없지만 인간이 원래 가지고 있는 본질을 대변한다고 할 수 있다.

나는 어릴 때부터 지금까지 줄곧 인간의 어두운 면에 매료되어왔고, 보아서는 안 될 어둠을 훔쳐보는 두근거림, 바닥 없는 바다로 빨려 들어가는 듯한 황홀함을 탐닉하고 있다. 책을 읽어도 인간의 어둠을 그린 미스터리, 호러, 스릴러만 골라 읽고 또 읽었다. 물론 주변 사람들을 보면서도 그 어두운 측면을 관찰하는 즐거움을 도저히 끊을 수가 없었다.

저자의 말

이런 나에게 뇌과학이란 곤충의 생태를 관찰하기 위한 현미경과도 같은 것이다. 인간을, 무엇보다 인간의 어둠을 관찰하며 즐기기 위한 수단이다. 언젠가는 다른 공부를 시작하고 싶지만 아직까지는 뇌과학을 통해 인간을 관찰하는 즐거움을 놓지 못하겠다.

일반인들에게 뇌과학을 소개하는 많은 책들이 인간 뇌의 뛰어난 능력에만 초점을 맞춰 '내 뇌를 어떻게 발달시킬까', '내 가능성을 어떻게 계발시킬까' 같은 이야기만 하고 있는 것 같다. 그러나 이는 자칫 인간의 머릿속을 '꽃밭'으로만 그려내 현실성을 떨어트릴 수 있다.

인간의 뇌는 흔히 말하듯 완벽하지도 않고 오히려 어설픈 구석이 있다. 우리 인간은 오랫동안 무수히 많은 환경 변화 속에서 살아남기 위해 상황에 따라 그때그때 필요한 기능들을 뇌에 탑재시켜왔다. 그런데 그 기능들이 서로 완벽하게 조화를 이루는 것은 아니다. 우리 뇌는 그 덜거덕거림도 함께 담고 있다.

이 책은 학술서도 아니고 인간 뇌의 위대한 능력, 한계 없는 가능성을 다룬 책도 아니다. 이 책은 밝음과 어둠을 동시에 담고 있는 인간의 실제 모습을 보통 사람들이 쉽게 받아들일 수 있도록 쓰였다.

뇌에는 분명 무한한 세계가 들어 있다. 단 1,500그램의 뇌 안에 무한을 이해하고 상상하는 장치가 있는 것이다. 그런데 우리 안에는 무한한 빛뿐 아니라 무한한 어둠도 존재한다. 그 양면의 아름다움이 조금이라도 독자 여러분에게 전해진다면 저자로서 더없이 기쁘겠다.

이 책을 집필하면서 감정심리학 분야에서 부정적 감정을 주로 연구해온 사와다 마사토 선생과 인간에 대해 종횡무진, 기탄없는 논의를 전개할 수 있었던 것은 내게 큰 행운이었다는 점을 덧붙이고 싶다.

뇌과학자 나카노 노부코

저자의 말

차례

1장

심리학자의 이야기

분노가 쌓이면
원한이 됩니다

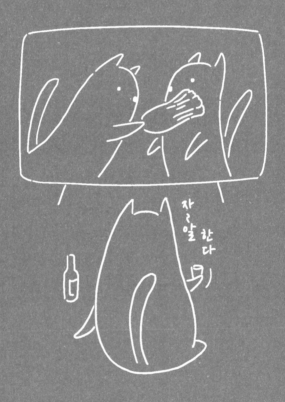

| 일러두기 | 각주는 모두 옮긴이 주다.

생각할수록
분하다

'슬픈 일이 있었다', '화가 났다'고 할 정도의 가벼운 슬픔과 분노는 친한 친구에게 푸념을 하는 등 다른 사람에게 털어놓으면 쉽게 가라앉히거나 누그러트릴 수 있다. 보통은 자신의 인생에서 그다지 중요하지 않은 사소한 사건이라면 모르는 새 잊어버리기도 한다.

그런데 그것이 '원한'으로 발전하면 이야기가 달라진다. 입밖에 내기도 꺼려지고, 아무리 친한 사람이라도 털어놓고 이해를 구하기가 어려워진다. 그러나 원한을 가슴에 품은 채 지내는 것은 위험하다. 울적한 삼정이 내부로 향하면 정신건강을

분노가 쌓이면
원한이 됩니다

해칠 수 있고, 외부로 향하면 타인을 해칠 수 있기 때문이다.

슬픔과 분노와 달리 원한은 다른 사람에게 이야기하기가 무척 껄끄럽다. 왜냐하면 원한은 그것을 품은 자신에 대한 꺼림칙함, 부끄러움, 불쾌함을 동반하는 감정이기 때문이다.

그렇다면 분노와 원한의 차이는 무엇일까?

내가 당한 부당한 행위나 나를 모욕한 상대에 대한 분노가 오랫동안 계속된다면 그것은 분노가 아닌 원한이라 할 수 있다. 그러니까 원한은 나를 부당하게 상처 입힌 상대에 대해 오랫동안 품는 감정이다. 간단히 말해 지속적인 분노라고 생각하면 이해하기가 훨씬 쉬울 것이다. 현재 심리학 분야에서 분노에 관한 연구는 흔하지만 이처럼 원한으로 범위를 좁혀 연구한 사례는 드문 편이다.

우리는 종종 출퇴근 전철이나 붐비는 거리에서 사람에 치이면 짜증을 내고 업무상 실수를 저지른 동료나 부하에게 언성을 높인다. 또 업무나 일상생활에서 예상했던 결과가 나오지 않으면 스스로를 한심하게 여기고 자신에게 분노의 화살을 돌리기도 한다. 이처럼 '분노'라는 말로 뭉뚱그려 말하지만, 분노에는 곧바로 수습되는 분노가 있는 반면 쉽게 수습되지 않는 분노도 있다.

우리는 가끔 자신을 분노케 한 어떤 사건을 떠올릴 때마다 분노에 거듭 휩싸인다. 이런 상태를 심리학에서는 '침입적 사고'라 부른다. 자신을 분노케 한 과거의 사건이 조금 전의 일처럼 떠오르는, 마치 과거가 현재로 침입해오는 듯한 상태이기 때문이다. 또 분노스러운 사건을 곱씹다 보면 이 생각 저 생각이 꼬리에 꼬리를 물고 떠오르기도 한다. 심리학에서 '반추사고'라고 하는 현상인데, 이것이 오래 지속되면 정신건강을 해칠 수 있다. 부정적인 사건에 대한 반추는 우울증을 불러오는 요인으로도 알려져 있다.

사회심리학자인 엔도 히로코遠藤寬子와 유카와 신타로湯川進太郎는 약 1,000명의 대학생을 대상으로 일주일 이상 지속적으로 분노가 유지되는 이유를 조사했다. 이 조사에 따르면 일주일 이상 분노가 유지되는 주된 원인은 침입적 사고와 반추사고라고 한다.

이 조사에 참가한 대학생 중 약 20퍼센트는 한 사건에 대해 3개월 이상 지속적으로 분노를 느낀 적이 있다고 답했다. 이런 경우는 단순히 분노했다고 하기보다 아직 가라앉지 않은 분노를 품고 있다, 즉 '원한을 품고 있다'고 볼 수 있다.

여기까지 정리하자면 원한이란 과거의 분노에 사로잡힌 상태라고 말할 수 있다. 그리고 이렇게 쉽게 수습되지 않는 분노의 주된 원인은 침입적 사고와 반추사고라고 할 수 있다.

분노가 쌓이면
원한이 됩니다

어떻게
나한테 이럴 수 있어?

그렇다면 무엇 때문에 침입적 사고와 반추사고를 하게 되는 걸까? 즉 어떤 계기에서 분노가 수습되지 못하고 원한으로 바뀌는 걸까? 분노를 초래한 원인에 주목하면 그 답을 금세 알 수 있다.

우리는 의자나 서랍장 모서리에 발을 부딪치고 나서는 "이게 왜 여기 있는 거야!" 하며 가구에 성질을 부린다. 또 스크린 경마 등의 도박성 게임에 빠졌다가 정신을 차리고 보니 엄청난 액수의 돈을 잃었다는 사실을 깨닫고는 분노인지 슬픔인지 모를 감정에 사로잡힌다. 독자 중에도 이런 경험을 한 사람이 있을지 모르겠다. 그러나 가구나 게임기에 몇 개월이나 원한을 품고 사는 사람은 거의 없을 것이다.

그런데 발에 부딪친 가구 자체를 원망하지는 않아도 그 가구를 거기에 둔 사람을 원망할 수는 있다. 또 게임기 자체를 원망하는 대신 그런 손실을 보도록 기계를 설치한 업자에게 원한을 품을 수는 있다. 이처럼 비참한 결과를 초래한 것이 사물이 아니라 타인의 의도라고 생각할 때 우리는 분노에 사로잡힌다.

문제의 원인이 나를 상처 입힌 타인에게 있다고 생각할 때 원한을 품기 쉬운데, 다른 사람으로 인해 부당한 일을 당했다는 피해자 의식이야말로 원한의 싹이다. 나를 잔혹하게 짓밟은 상대에게 분노하고 그 분노가 좀처럼 수습되지 않는 상태, 그것을 우리는 '원한'이라 부른다.

'부당한 취급을 당했다', '모욕을 당했다', '인격까지 무시하는 질책을 당했다'.

이런 일을 초래한 부조리에 대한 분노는 좀처럼 사그라지지 않는다. 이렇게 마음이 쉽게 정리되지 않을수록 그 감정은 더 오래 유지된다.

그런데 원한의 원인은 이뿐만이 아니다. 스스로 통제할 수 없는 상황에 놓일 때도 우리는 원한을 품게 된다. 회사의 구조조정 때문에 강제로 조기퇴직하게 된 경우를 생각해보자. 그때까지의 성과가 전부 부정당한 것 같고 자존심이 상한다. 이에 대한 분노는 상당할 것이다. 그러나 어떤 이유에서든 이미 구조조정의 대상이 되고 나면 회사에 불만을 제기해봤자 사태를 개선할 방법은 거의 없다. 그 점은 본인도 어렴풋이 알 것이다. 어떻게 해도 해결할 수 없는 상황에 놓여버린 그는 분노를 풀어버리지 못하고 원한을 더 깊이 품게 된다.

사건과 사고로 가족을 잃었을 때도 우리는 가해자에게 큰

분노가 쌓이면
원한이 됩니다

원한을 품는다. 어릴 때 괴롭힘을 당했던 경험이 상처가 되어 이후 인생에 큰 그림자를 드리운다. 또 문책성 발령이나 좌천에 의해 인생설계가 크게 흔들려도 원한의 싹이 튼다. 이 모든 일들은 우리 스스로 제어할 수가 없다. 우리는 자신의 뜻과는 상관없이 상대의 사정과 의도에 따라 상처를 입었을 뿐이다. 그렇게 생겨난 원한은 쉽게 풀리지 않는다.

지금까지 말했다시피 원한은 부당하게 당했다는 피해자 의식에서 생겨난 깊은 분노다. 단순한 분노와는 달리 자신의 인생과 깊이 관련된 사건에서 유발된 감정이며, 원한을 풀지 못하는 상황이 오래 지속될수록 그 감정은 더욱 깊어진다. 옷감에 점점 깊이 스며들어 영영 빠지지 않게 된 포도주 얼룩처럼 말이다. 여기에 더해 자신의 인격까지 부정당했다거나 마음에 깊은 상처를 주는 모욕적인 언사를 당했다면 원한은 더더욱 심각해진다.

그 상처를 즉시 치유할 방법은 어디에도 없고, 설사 홧김에 공격을 되받아친다고 해도 상대에게 같은 상처를 줄 수 있다는 보장도 없다. 이처럼 어찌 할 바를 모를 안타까움, 상황을 통제할 수 없다는 답답함이 원한을 낳는다.

당하고만 있을 수는 없지

우리는 크든 작든 상처를 입으면 분노를 느낀다. 미국의 심리학자 제임스 애버릴James Averill에 따르면 분노의 목적은 잃어버린 자존감의 회복이다. 여기서 자존감이란 자존심과 자기평가로 바꿔 말할 수 있다. 사람은 자존심이 상했을 때 분노하게 되며, 분노는 자존심이 입은 상처를 치유하기 위한 하나의 방법으로서 존재한다는 것이다.

이 이론에 따르면 우리는 원한을 품고 있을 때 상처 입은 자존심을 회복시키기 위한 행동을 취하기 쉽다. 그중 하나가 '앙갚음'이다. 이는 상대에게도 나와 똑같은 상처를 주어 똑같은 괴로움을 맛보게 하려는 행동이다.

그런데 앙갚음을 한다고 상처 입은 자존심과 자기평가가 원래대로 회복될까? 사실 어떤 방법으로 원한을 풀려고 애쓰든, 상대가 나와 똑같이 고통을 느끼고 똑같이 괴로움을 맛볼 것이라는 보장은 없다.

앙갚음 말고 '보란 듯 잘 살기'라는 방법도 있다. 이는 예전에 나를 모욕한 상대에게 멋지게 변모한 내 모습을 보여주는 방법이다. 이 방법에는 앙갚음과는 달리 자존심을 회복시키는

분노가 쌓이면
원한이 됩니다

효과가 있다는 연구결과도 있지만, 그 효과는 다른 사람들이 인정하는 능력을 갖추게 된 경우에만 한정된다. 그래서 이런 의미의 보란 듯 잘 살기가 성공하는 경우가 실제로는 많지 않을 듯하다. 능력 중에서도 그 평가기준이 명확한 것, 예를 들어 학업 성적이나 운동경기 성적, 영업 성과처럼 결과가 수치화될 경우에는 그 효과가 뚜렷할지도 모르겠다. 그렇다고 해도 그것으로 자신을 부당하게 대한 상대의 코를 납작하게 할 수 있느냐는 여전히 미지수다.

원한의 대상이 된 당사자는 자신이 원한을 샀다는 사실조차 알지 못할 가능성이 크다. 여러 사례를 보면 집단으로부터 따돌림을 당한 피해자는 자신의 괴로움을 생생히 기억하면서 가해자에게 원한을 품지만, 가해자는 아무렇지 않은 것도 모자라 괴롭힌 사실마저 까맣게 잊어버린 경우가 많았다. 따라서 나를 모욕하거나 부당하게 대한 상대에게 보란 듯 잘 살기로 복수하기란 현실적으로는 극히 어려운 셈이다.

사실 나를 무시한 상대에게 인정받으면 상처 입은 자존심이 회복되느냐 하는 부분도 한번 생각해볼 일이다. 상대에게 인정받으려 애쓰는 것은 오히려 자신이 아직 상대에게 집착하며 휘둘리고 있다는 증거이기 때문이다. 예전에 나를 바보 취급한 사람이 지금의 변한 내 모습을 보고 갑자기 태도를 바꾼다

면 원한이 풀릴까? 그 정도로 풀릴 원한이라면 애초에 상처가
그다지 깊지 않았던 건 아닐까?

당한 대로
갚아줄 테다

보란 듯 잘 살기가 어렵다면 이제 앙갚음을 하는 수밖에 없다.
앙갚음은 보복, 복수 등 다양한 말로 바꿔 부를 수 있다.

그런데 독일의 철학자 막스 셸러Max Scheler는 보복과 복수가
서로 다르다고 말한다. 나에게 상처를 입힌 사람에게 앙갚음
을 한다는 점에서는 같지만, 당한 즉시 갚아주는 것이 '보복',
즉시 갚지 않고 다양한 계획을 짜내어 앙갚음을 하는 것이 '복
수'라는 것이다. 다만 전철에서 나를 밀어붙인 사람에게 즉시
불만을 표한 것을 보복이라고 하기에는 너무 거창하다. 이런
행동은 방금 생겨난 분노를 즉시 푸는 보복의 한 유형 정도로
생각하면 될 듯하다.

심리학에서는 이처럼 화가 치밀어서 누군가에게 즉시 앙갚
음(보복)하는 행동을 '반응적 공격'이라고 한다. 이 말에는 불
쾌한 인물이나 자극에 반응하여 같은 자극을 돌려준다는 의미

분노가 쌓이면
원한이 됩니다

가 있다.

그러나 우리는 격분하지 않은 상태에서도 남을 공격할 수 있다. 분노로 인한 즉각 공격이 아니라 좀더 냉정한 공격도 가능한 것이다. 쇠막대기를 들고 편의점에 침입한 강도를 생각해보자. 그 강도가 쇠막대기를 왜 들고 있겠는가? 그의 목적은 어디까지나 돈을 빼앗는 것이다. 즉 쇠막대기는 분노의 표출이 아니라 위협의 수단이다.

이처럼 분노에 휘둘리지 않고 공격을 수단으로 이용하는 것을 '능동적 공격'이라 한다. 이는 공격을 도구로 생각한다는 점에서 '도구적 공격'으로 불리기도 한다. 집단따돌림(왕따)이 바로 이런 유형의 공격에 해당한다. 집단따돌림은 가해자들이 격분하여 저지른다기보다 피해자를 괴롭히거나 응징하려는 명확한 의도를 가지고 계획적으로 실행되는 것이기 때문이다.

한편 집단따돌림의 피해자가 가해자들에게 앙갚음하는 것도 능동적 공격으로 볼 수 있다. 언젠가 중학교 동창회에 참석한 어떤 사람이 독이 든 맥주와 폭탄을 이용하여 동창생들을 살해하려다가 계획이 탄로나 살인미수로 처벌받은 사건이 있었다. 그는 중학교 시절에 괴롭힘을 당한 원한을 풀고 싶었다고 한다. 이것도 시간과 정성을 들여가며 계획한 능동적 공격이다. 이렇듯 복수나 제재로 불리는 행위 역시 이런 능동적 공격에 해당한다.

이에 비해 보복은 당한 즉시 되갚는 행위다. 물론 이것이 계획적인 행동으로 판단되면 복수가 될 것이다. 이유야 어쨌건 보복이든 복수든 당한 만큼 돌려주는 이런 행위에 우리들은 위화감을 느끼고 불편해 한다.

그런데 여기서 의문이 하나 생긴다. 우리는 당했다고 생각되면 어떤 상황에서나 그만큼 돌려주려고 할까? 이와 관련하여 최근 감정 및 인지신경과학 분야에서 가장 눈부신 활약상을 보이는 나고야대학교의 오히라 히데키大平英樹가 흥미로운 실험을 진행했다. 바로 전기충격을 이용한 보복에 관한 실험이다.

실험 참가자들은 두 사람이 한 조가 되어 총 두 차례의 실험을 진행했다. 두 사람이 출제자와 답변자로 나뉜 후 출제자가 문제를 내고 답변자가 맞히면 되는데, 답이 틀릴 때마다 출제자가 답변자에게 전기충격을 주었다. 그리고 역할을 바꾸어 한 번 더 진행했다. 순번은 제비뽑기로 정해진 것처럼 보였지만, 사실 역할은 미리 정해져 있었고 둘 중 한 사람은 바람잡이였다. 그 바람잡이가 처음 출제자가 되고 답변자는 문제를 몇 번 틀리도록 장치되어 있었다.

첫 번째 실험이 끝나고 둘의 역할이 바뀌어 처음에 출제자였

분노가 쌓이면
원한이 됩니다

던 사람이 답변자가 되자, 이미 여러 번의 전기충격을 당했던 출제자는 답변자가 답을 틀릴 때마다 자신이 당한 것과 비슷한 강도의 충격을 가했다. 그야말로 당한 대로 돌려준 것이다.

그런데 이 실험에는 사전에 '실험은 미리 계획된 것이며, 첫 번째 출제자에게 어느 정도의 전기충격을 가할지 미리 지시해 놓았다'라는 정보를 전해 들은 참가자들도 있었다. 이들은 아무 정보 없는 참가자들보다 전기충격의 강도를 낮추는 경향을 보였다. 앞서의 전기충격은 그 사람의 책임이 아니라고 생각했기 때문에 보복을 완화한 것이다.

이처럼 타인이 나를 상처 입혔을 때 우리는 그것이 의도적인 행위인지 살핀 후 만약 그렇다고 판단되면 보복을 하고 그렇지 않다면 보복의 강도를 낮춘다. 전철에 타려고 줄을 섰는데 누군가 갑자기 끼어들었다. 순간 화가 치민다. 그런데 그 사람에게 시각장애가 있는 등 그럴 만한 이유가 있다고 판단되면 화는 곧 가라앉는다. 반면 줄 서 있는 것을 뻔히 보면서도 끼어들었다고 판단되면 화는 더욱 솟구친다. 즉 우리는 상대의 의도를 먼저 파악하고 보복할 필요가 있는지 없는지 판단하는 것이다. 그렇기 때문에 일부러 그런 것도 아닌데 고의라는 오해를 받으면 상당히 성가신 일이 벌어진다.

중요한 업무메일을 보냈는데 답장이 없거나 메신저의 메시지를 확인했지만 답신이 없다고 해도, 상대가 잠시 바빠서 그런 거라고 판단되면 그다지 신경이 쓰이지 않는다. 그러나 분명히 답장을 요청했고, 그 메시지에 답신이 왔어야 하는 상황이라고 판단되는데도 계속 답이 없다면 조금씩 이상한 기분이 든다. 그러다가 아무래도 나를 무시하는 것 같다는 데까지 생각이 미치면 결국 원한의 싹이 트는 것이다.

이처럼 상대의 행위를 나에 대한 부정적인 감정이나 적의에서 나온 것으로 추측하는 행위를 '적의 귀속'이라고 한다. 적의 귀속의 경향이 강한 사람은 그렇지 않은 사람에 비해 어릴 때 거칠게 취급받았을 가능성이 높다는 사실도 잘 알려져 있다.

정리하자면 우리는 상대의 행위가 그 사람의 의도에서 비롯되지 않았다고 판단되면 앙갚음의 강도를 낮추지만, 의도적인 행위라고 판단되면 되갚아주지 않고는 못 배긴다. 이처럼 사람들은 상처를 준 상대의 의도에 따라 앙갚음의 유형과 강도를 바꾸게 된다.

분노가 쌓이면
원한이 됩니다

복수심을 부채질하는
집단 소속감

우리는 상처를 입으면 분노를 느끼고 보복이든 복수든, 어떻게 해서든 앙갚음을 하려고 한다. 부조리한 일을 당했다는 생각과 피해자 의식을 그 동기로 꼽을 수 있다. 앞서 설명했듯 보복은 반응적 공격의 일종이다. 분노의 감정에 휩싸여 같은 자극을 상대에게 되도록 빨리 돌려주려고 하기 때문이다. 반면 명확한 목적을 갖고 시간을 들여 앙갚음을 한다면 그것은 계획적인 앙갚음, 즉 복수라고 할 수 있다.

그런데 '처벌' 또는 '징계'라고 불리는 제재 역시 일종의 앙갚음이라고 할 수 있다. 제재란 정의와 규범을 위반한 상대에게 내리는 벌이며, 부정을 저지른 상대에게 주의를 주어 행동을 바로잡으려는 조치를 말한다. 스스로를 공정하다고 평가하는 사람일수록 이런 제재를 실행에 옮기기 쉽다는 조사결과가 있다.

인터넷에 올라온 적절치 못한 행동이나 트위터 등에 게시된 부주의한 발언을 접하면 수많은 사람들이 비난의 글을 쏟아낸다. 한꺼번에 게시물들을 여러 사이트에 퍼나르고 리트윗하면서 공격하는 마녀사냥이나 당사자의 신상정보를 알아내 인터넷에 마구잡이로 퍼트리는 신상털기도 이런 제재의 일환으로 이루어진다고 볼 수 있다. 특히 직접 피해를 입은 것은 아니지만 도덕이나 관습을 위반했다는 이유로 많은 사람이 똘똘 뭉쳐 제재를 가하는 현상은 누군가가 피해자를 대신하여 보복하는 것, 즉 대리보복으로 해석할 수 있다.

이와 관련해 '집단 간 대리보복'이라는 것이 있다. 직접 피해를 입지 않은 사람들이 동료의 피해를 앙갚음하는 경우를 말한다. 어떤 외국인이 우리나라를 비난했다는 뉴스가 알려지면 많은 사람들이 그 사건과는 상관없는 그 나라 사람들 전체를 싸잡아 욕하기도 한다. 이러한 것이 집단 간 대리보복의 전형적인 사례다.

사회심리학자인 나와타 겐고縄田健悟와 야마구치 히로유키山口裕후는 집단 사이의 대리보복의 특징을 정교한 실험으로 밝혀냈다.

우선 실험실에 서로 모르는 세 사람을 불러 모은다. 그리고 그들이 한 팀이 되었으며, 다른 방에는 상대 팀이 있다는 정보를 주고 컴퓨터 게임을 하게 한다. 그런데 사실 이 실험에서 상대 팀은 존재하지 않는다. 게임은 제한시간 안에 누가 덧셈을 빨리 해내는지 경쟁하는 것으로, 개인별로 나뉜 부스 안에서 진행된다.

33

그런데 참가자들에게는 그들의 게임 직전에 진행됐던 대전 성적에 대한 두 가지 가짜 정보가 주어졌다. 하나는 승자가 패자에게 300엔의 벌금을 부과했다는 단순한 정보, 또 하나는 상대 팀의 특정한 팀원이 우리 팀원에게 300엔의 벌금을 부과했다는 정보였다. 게임이 끝난 후 참가자들은 전원 이겼다는 소식을 듣고 자신의 대전 상대에게 벌금을 부과하라는 지시를 받았다. 벌금은 0엔에서 500엔 사이에서 선택할 수 있으며, 상대는 실험에 참가한 대가로 받을 보수에서 그 금액 만큼 받지 못한다. 단, 벌금을 부과해도 자신의 보수는 늘어나지 않는다.

실험결과 상대 팀의 특정 팀원이 동료에게 벌금을 부과했다는 정보를 미리 들은 사람은 그렇지 않은 사람보다 벌금을 높게 매긴 것으로 나타났다. 게다가 흥미롭게도 참가자들은 동료 팀원에게 벌금을 부과한 적이 없는 대전 상대에게까지 상대적으로 높은 벌금을 부과했다. 즉 자신의 동료가 당했다는 이유로 가해자의 동료에게 앙갚음을 한 것이다. 또한 나와타 겐고가 진행한 다른 실험에 따르면 자신의 보복 상황(상대팀에게 매긴 벌금액)을 자기 팀원들에게 알린다고 했더니 보복에 대한 동기가 강화되어 벌금도 더 높아졌다고 한다.

이처럼 우리는 우리의 동료가 누군가로부터 피해를 입으면 그 상대와 같은 집단에 속한 타인에게까지 보복을 하며, 자신의 행위가 동료에게 알려진다는 사실을 알면 그런 경향을 더 강화한다. 집단에 대한 소속감, 그리고 동료의 지지를 받는다는 의식이 우리를 앙갚음으로 몰아가는 것이다.

상처난 마음을 달래주는 '꼴좋다'는 심리

물론 동료가 피해를 입었다고 해도 실험에서처럼 곧바로 앙갚음할 기회를 잡기란 어려운 것이 현실이다. 그런데 직접 앙갚음한 것도 아닌데 가슴이 후련해질 때가 있다. 혹시 부당하게 행동한 사람이 TV에서 공격당하거나 SNS에서 마녀사냥 또는 신상털기를 당하는 모습을 보고 흐뭇하게 미소지었던 적은 없는가? 내가 무슨 일을 당한 것도 아니고 직접 앙갚음한 것도 아니지만 남의 불행을 보고 기뻐했던 이 같은 경험은 누구에게나 있을 것이다.

이런 감정을 심리학에서는 샤덴프로이데schadenfreude라고 한다. 샤덴프로이데는 '상처 입은 기쁨'이라는 의미의 독일어인데, 타인의 실패와 불행을 기뻐할 때 우리가 쓰는 '꼴좋다',

'고소하다'는 말과 같은 뜻이다.

　인터넷 은어 중에도 메시우마メシウマ라는 말이 있다. '오늘도 타인의 불행 덕에 밥(메시)이 맛있다(우마이)'라는 문장에서 생겨난 신조어다. '타인의 불행은 꿀맛' 또는 '이웃의 가난은 오리고기 맛'이라는 속담이 전해지는데, 이처럼 우리는 예로부터 타인의 불행을 기뻐하는 감정을 맛있다고 표현해왔다. 메시우마도 같은 맥락에서 이해할 수 있다.

　타인이 불행을 당해 마땅하다고 여길수록 샤덴프로이데가 발생하기 쉽다. 두 사람이 각각 음주운전으로 경찰에 체포되었다. 한 사람은 술자리에서 스스로 술을 마셨고 친구가 운전을 말리는데도 핸들을 잡았다. 또 한 사람은 술을 전혀 마시지 않았지만 술을 마신 친구가 운전하는 차에 동승했다가 방조혐의로 경찰에 체포되었다. 둘 다 불행해졌지만, 누구의 불행이 더 기쁜지 물으면 대부분 전자라고 대답할 것이다. 자업자득이기 때문이다. 바꿔 말하면 그 사람이 당해야 마땅한 불행이라서 기분이 좋은 것이다.

　그렇다면 이 샤덴프로이데와 원한은 어떤 관계가 있을까?

　나는 교육심리학자인 하야마 다이치葉山大地와 공동연구를 진행하면서 대학생 약 500명을 대상으로 설문조사를 실시한 적이 있다. 이 조사에서 '원한을 풀지 않으면 마음이 개운하지 않다'는 등의 설문항목을 이용하여 답변자가 얼마나 원한을 품기 쉬운 성격인지를 측정했다. 그러고 나서 가상의 대학생이 자신의 잘못 때문에 불행해지는 내용의 시나리오를 읽게 하고, 읽은 뒤에 느낀 즐거움과 기쁨이 어느 정도인지를 조사했다. 그 결과 원한을 품기 쉬운 사람일수록 샤덴프로이데를 쉽게 느낀다는 사실을 알 수 있었다. 즉 원한을 품고 그것을 푸는 데 집착하는 성격일수록 자업자득으로 불행해진 사람을 보고 기쁨을 느끼기 쉽다는 것이다.

원한이란 그리 쉽게 풀리는 감정이 아니다. 그런데 우리는 〈주신구라忠臣蔵〉*나 〈필살 사업인必殺仕事人〉**처럼 권선징악과 복수를 다룬 드라마를 보면서 어느 정도는 맺힌 것이 풀리는 기분을 맛본다. 왜일까?

우리는 이런 드라마, 영화, 소설 등의 오락물을 통해 등장인물이 품은 원한을 공유하게 되는데, 등장인물이 자신의 원수를 응징하거나 그의 원수가 자업자득으로 불행해지는 모습을 보면서 기쁨을 느끼는 것이다. 여기서 우리는 샤덴프로이데가

* 무사 47명이 죽은 주군을 위해 복수한다는 내용의 일본의 대표적 고전문학 《주신구라》를 드라마화한 것이다.
** 돈을 받고 약자의 위한을 풀어주는 살인 청부업자의 이야기를 그린 일본의 시대극이다. 아사히 TV에서 2007년부터 2012년까지 네 시즌에 걸쳐 시리즈로 방영했다.

분노가 쌓이면
원한이 됩니다

어느 정도 분노와 원한을 풀어주는 역할을 하고 있음을 알 수 있다.

네덜란드의 사회심리학자 윌코 반 다이크Wilco Van Dijk는 샤덴프로이데에 관해 다음과 같이 매우 흥미로운 연구결과를 보고했다.

실험자는 실험에 참가한 대학생들에게 자신의 지적능력을 측정하기 위한 문제를 풀게 한 후 '지적능력이 높다' 또는 '지적능력이 낮다'고 표시된 성적표를 나눠주었다. 그런데 사실 이것은 참가자의 실제 능력과는 무관한 가짜 정보였다. 그러고 나서 참가자들에게 어떤 여성이 아이돌 가수가 되기 위해 오디션을 받는 동영상을 보여주었다. 동영상은 실력이 한참 떨어진다는 이유로 그 여성이 심사위원에게 혹평을 받는 내용이었다.

실험결과는 어땠을까? 자신의 지적능력이 낮다는 성적표를 받은 학생들은 그렇지 않은 학생들에 비해 동영상에 등장한 여성의 불행을 더 기뻐했다. 게다가 그렇게 답변한 참가자는 모두 실험에 참가하기 전부터 자신의 지적능력에 자신이 없던 학생이었다. 즉 그렇지 않아도 자신감이 없던 차에 자존심을 더 다친 결과, 자신과는 전혀 관계없는 타인의 불행을 기뻐하면서 자신을 위로하려 한 것이다.

원한은 자존심이 입은 상처에서 나온다. 그런데 원한을 초래한 상처는 그것과는 관계없는 타인의 사소한 불행을 보고 들음으로써도 치유될 수 있다.

복수 대신
드라마를

일본의 경우 근대(메이지시대)까지는 복수가 제도적으로 인정되었다. 예를 들어 부모의 원수를 죽이는 것은 죄로 여겨지지 않았다. '눈에는 눈, 이에는 이'로 유명한 함무라비 법전을 아는 사람이 많을 것이다. 이는 동해_{同害} 보복 원칙을 강조하는 조항이다. 즉 눈을 멀게 한 벌로 가해자를 죽이는 것은 지나치니 같은 형벌로 균형을 맞추는 것이다.

그렇다면 아주 옛날부터 당한 대로 돌려줘도 된다는 법적 인허가가 있었느냐 하면 꼭 그런 것은 아니었다. 현재의 법률 역시 당한 대로 돌려주는 행위를 인정하지 않는다. 어디까지나 죄와 벌의 균형을 고려하여 위법행위를 한 자에게 형을 부과할 뿐이다.

어찌어찌 하여 나를 부당하게 대한 사람을 재판에 회부했나고 해도 나의 주장이 받아들여질지는 미지수다. 재판이 시작되어도 판결이 내려지기까지는 긴 시간과 많은 비용이 든다. 또한 아무리 내가 정당하다고 해도 승소 여부는 또 다른 문제다. 그래서 대부분의 사람은 원한을 품고서도 좀처럼 행동으로 옮기지 못한다.

'남을 저주하면 구덩이가 두 개'라는 옛말이 있다. 누군가를 저주하여 죽이려 하면 그 응보로 자신도 죽게 되므로 상대의 무덤뿐 아니라 자신의 무덤까지 필요해진다는 뜻이다. 남을 멸절하려 들면 그 재액이 자신에게도 덮친다는 말인데, 이 말처럼 원한을 푸는 일에는 상당한 비용이 들 뿐 아니라 위험도 따른다.

동서고금을 막론하고 세상에는 내가 어찌 할 수 없는 부조리한 일이 셀 수 없이 많다. 오히려 부조리를 느끼지 않고 살아가는 편이 더 어려울 것이다.

'필사적으로 일해도 생활이 나아지지 않는다', '열심히 일했는데 인정해주지 않는다', '상사의 부정행위를 내부고발했다가 좌천당했다', '회사에서 너무 착취당해 몸도 마음도 지친 채로 그만두었다', '집안 사정 때문에 진학을 포기했다'.

우리는 다양한 이유와 과정을 거쳐 분노와 원한, 부러움과 시기심의 감정을 품지만 그것을 어디서 어떻게 풀어야 할지는 잘 모른다. 그저 가슴만 답답할 뿐이다. 그렇지만 전부 풀지는 못하더라도 적어도 쓰린 마음을 달랠 방법은 있다.

연말이 되면 연례행사처럼 방송되는 드라마 〈주신구라〉는 앙갚음에 관한 이야기다. 마찬가지로 시대극인 〈미토코몬水戶黃門〉*이나 〈오오카 에치젠大岡越前〉** 등도 마지막에 악한 자가 벌을 받는다는 뻔한 내용인데도 많은 인기를 얻고 있다. 사람들은 드라마를 보면서 등장인물의 원한을 자신의 것처럼 공감하고 등장인물의 원수가 불행해지면 기뻐하며 자신의 원한도 누그러트린다.

더욱이 사람은 기본적으로 인과응보를 바라므로 '나에게는 손을 쓸 방법이 없다. 그래도 최소한 나를 대신해서 누군가가 처벌해주었으면 좋겠다. 나쁜 짓을 한 사람은 불행해지는 것이 마땅하니 말이다'라는 생각을 오락물에 투영한다.

"당하면 배로 돌려준다!"라는 유명한 대사로 2013년에 빅히트를 기록한 드라마 〈한자와 나오키半沢直樹〉***, 천재 외과의

---

* 에도시대를 배경으로 하여 '일본판 암행어사 박문수'라고 불렸던 실존인물 미토 미쓰쿠니와 그의 부하 사사키 스케사부로의 모험을 그린 일본의 시대극이다. TBS에서 1969년부터 2003년까지 1,000회 이상 방영되었다.

** 에도시대를 배경으로 명재판관인 오오카 에치젠의 일생을 그린 일본의 시대극이다. 요시카와 에이지의 소설을 원작으로 한다. TBS에서 1970년부터 1999년까지 방영되었다.

*** 버블경제 시기에 대형 은행에 입사히여 수많은 부조리와 싸우는 열혈인물 한자와 나오키의 이야기를 그린 드라마다. TBS에서 2013년에 방영했다.

분노가 쌓이면
원한이 됩니다

사가 등장하여 "나는 실패하지 않아"라는 강한 대사로 주목을 끌었던 드라마 〈닥터 엑스ドクタ-X〉*. 부패한 조직을 꿰뚫는 두 주인공의 단순명쾌함은 앞서 언급한 〈필살 사업인〉, 〈미토코몬〉, 〈오오카 에치젠〉 같은 시대극과도 통하는 데가 있다. 게다가 〈한자와 나오키〉의 주인공 한자와 나오키가 조직 내 부조리에 맞서게 만든 원동력은 부친을 자살로 몰아넣은 상대에 대한 원한이었다. 드라마는 그야말로 원한을 푸는 과정을 그려내서 많은 시청자의 공감을 얻었다.

드라마나 영화, 소설 등 많은 작품들이 현실에서는 좀처럼 찾아보기 어려운 일을 거창하게 그려내고는 한다. 독자와 시청자들도 그것을 알고 즐긴다. 이런 뻔한 줄거리의 드라마가 꿋꿋하게 인기를 얻는 것은, 시대를 불문하고 대중들이 자신을 대신하여 악을 징벌해줄 수 있는 주인공을 찾기 때문이며, 그들의 활약으로 나쁜 짓을 한 사람이 불행해지는 모습을 보면서 마음이 후련해짐을 느끼기 때문이다. 이는 샤덴프로이데 그 자체다.

물론 그런다고 마음이 완전히 풀리지는 않을 것이다. 그렇지만 원한을 직접 푼다고 누군가를 공격하려면 노력도 필요하

＊ 출세나 조직에 얽매이지 않고 의사로서의 사명에 충실한 천재 프리랜서 외과의사 다이몬 미치코가 주인공인 의학 드라마다. 아사히TV에서 2014년에 방영되었다.

고 위험도 따른다. 상대를 후회하게 만들 기회 역시 쉽게 찾아오는 것은 아니다. 그러므로 시기와 원한 등의 감정을 가슴에 품은 채 침울하게 지내기보다 드라마를 보고 조금이나마 답답함을 푸는 것이 누군가를 상처 입히는 것보다 비용이 훨씬 덜 드는 복수의 방법이다. 실제로 해보면 효과가 썩 괜찮음을 알 수 있다. 이렇듯 우리는 은연중에 자신의 원한을 슬쩍 얼버무리고 넘어가는 기술을 알고 있었던 것이다.

분노가 쌓이면
원한이 됩니다

2장

심리학자의 이야기

남과 나를 비교할 때
시기심이 싹트죠

나 빼고
다 행복해 보여

인터넷 은어 중 '리아쥬* 폭발해버려リア充_爆発しろ'라는 말이 있다. 가족과 화목하게 지내는 사람. 애인이나 친구들과 즐겁게 지내는 사람 등 실생활이 행복해 보이는 사람을 겨냥한 악담이다. 직접적인 공격의 의도가 있다기보다 오히려 그들을 향한 부러움과 시기심이 뒤섞인 감정을 절묘하게 표현한 말이다.

그런데 굳이 폭발해버리라고 댓글까지 달지는 않아도, 속으로는 그렇게 외치게 만드는 세계가 있다. 페이스북과 트위터

* '리얼 라이프'를 의미하는 '리아リ7'와 '충실'의 '충充'이 합쳐진 말이다. 온라인에서 보기에 오프라인의 생활이 행복해 보이는 사람을 말한다.

남과 나를 비교할 때
시기심이 싹트죠

등 이른바 SNS의 세계다.

'남자친구로부터 명품백을 선물받았다', '어제는 별 세 개 짜리 레스토랑에서 근사하게 저녁식사를 했다', '요즘 화제인 ○○세미나에 참여한 뒤에 인생관이 확 바뀌었다', '설 휴가는 언제나처럼 하와이에서 보낸다' 등 페이스북과 트위터에는 이용자들이 자신의 사생활을 담은 사진과 글이 끝없이 올라온다.

이런 사진과 글을 올리는 사람에게는 그 나름의 동기가 있다. 지인이 긍정적인 댓글을 달아주면 기분도 좋아지고 자존감도 높아지는 것이다. 캐나다에서 실시된 한 조사에 따르면 자기애가 강한 사람일수록 페이스북을 자주 확인한다고 한다. 꼭 자기애까지 거론하지 않더라도, 아무래도 자신이 올린 글에 '좋아요'가 얼마나 달리는지 다소간 신경을 쓸 수밖에 없다.

이와는 반대의 상황을 생각해보자. 즉 내가 남의 게시물을 읽고 있는 것이다. 물론 거기에 공감하거나 응원하는 마음이 생길 때도 많다. 그러나 그런 행복한 내용만 계속 접하다 보면 나도 모르게 기분이 우울해지거나 불쾌해질 때가 있다. 한 연구에서 페이스북 계정을 가진 미국 대학생 약 400명을 대상으로 설문조사를 실시했다. 그 결과 페이스북을 오랫동안 이용한 사람일수록 타인이 자신보다 행복하다고 느끼며, 인생은 공평하지 않다고 생각하는 경향이 강했다.

이처럼 우리의 자기평가와 자존심은 타인과 자신을 비교하면서 요동친다. 이런 결과를 보면 리아쥬를 보고 불공평하다는 생각에 짜증이 솟구치는 것도 당연할지 모르겠다. 심지어 SNS를 위해 연출된 행복이라는 사실을 알면서도, 그런 글들을 대량으로 접하다 보면 우리는 때때로 견딜 재간이 없어진다. 남들은 다 능력 있고 근사하게 사는 것 같은데, 나만 별 볼 일 없고 초라하게 사는 듯해서 우울하고 일이 손에 안 잡힌다.

이때 우리가 경험하는 부정적 감정이 '시기심'이다. 시기심이란 다른 사람이 자신보다 뛰어난 상태에 있는 것을 부러워하고 불쾌해 하는 심리다. 미국의 심리학자 사라 E. 힐Sarah E. Hill의 연구에 따르면 이렇게 시기심을 불러일으킨 사람은 사람의 기억에 깊이 남는 경향이 있다고 한다. 그리고 그 기억은 사람에게 부정적인 영향을 끼친다.

실제로 사람은 시기심을 자극한 인물과 그렇지 않은 중립적인 인물 중 시기심을 자극한 인물의 이름을 더 정확히 기억한다. 여기까지만 들으면 시기심이 기억력을 높이는 긍정적인 작용을 한다고 생각할지도 모르겠다. 그러나 시기심을 자극한 후에 피험자에게 어려운 낱말퍼즐을 풀게 했더니, 시기심을 자극한 인물의 이름을 정확히 맞춘 그룹이 퍼즐에 집중한 시

남과 나를 비교할 때
시기심이 싹트죠

간은 그렇지 않은 그룹보다 짧았다. 즉 시기심과 그에 관련된 기억이 다른 작업에 필요한 논리적 사고를 방해한 것이다.

페이스북은 자랑을 늘어놓기 무척 편리한 곳인지도 모른다. 대부분 '좋아요'나 긍정적인 댓글로 응답해주는 온건한 분위기이기 때문이다. 그러나 분명 위험성도 있다. 실명을 밝힌 누군가와 나 자신을 항상 비교하게 되기 때문이다. 페이스북을 들여다볼 때마다 알고 싶지도 않은 정보가 끊임없이 쏟아진다. 그러다 행복하고 즐겁게 사는 것 같은 타인의 게시물을 발견하면 비교하지 않아도 될 것을 비교하게 되고, 결국 시기심에 사로잡히고 만다.

누구나 쉽게 정보를 발신하고 많은 사람이 정보를 공유할 수 있게 만든 페이스북. 그러나 우리는 종종 행복이 넘쳐나는 게시물로 속이 뒤집힌 끝에 결국 시기심의 축제에 휘말린다.

부러워하는 마음과
시기하는 마음

시기심의 핵심은 나보다 뛰어난 사람, 내가 갖지 못한 것을 갖고 있는 사람, 내가 원하는 것을 나보다 먼저 거머쥔 사람에 대한 씁쓸한 감정이다. 돈과 재산처럼 손으로 만질 수 있는 물질에만 한정되지 않으며, 능력과 지위, 외모, 권력과 인맥, 학업과 업무성과 등 실로 다양한 요소가 우리의 시기심을 자극한다.

물론 아무나 시기의 대상이 되는 것은 아니다. 사람은 자신에게 중요한 무언가를 먼저 가진 타인을 시기한다. 그러면서 때로는 악의적인 감정에 지배당하기도 한다.

미국의 심리학자이자 시기심 연구의 일인자인 켄터키대학교의 리처드 스미스Richard Smith는 뛰어난 상대에 대해 생기는, 적의가 두드러지는 시기심을 '본래의 시기심'이라고 칭했다. 또한 구약성서에서는 시기심Envy을 일곱 가지 죄악 중 하나로 규정하며 그 부정적인 측면을 강조했다. 실제로도 시기의 대상을 괴롭히거나 험담하는 행위는 타인에게 큰 피해를 끼치는 행위로 쉽게 이어진다.

그러나 우리는 다른 종류의 시기심도 생각해보아야 한다. 이는 부정적이지 않은 시기심, 사람들이 보통 '부러움'이라고 부르는 감정이다. 누군가로부터 '어제 고급 요리를 먹었어', '얼마 전에 근사한 차를 새로 뽑았어', '멋진 애인이 생겼어' 같은 이야기를 듣고 '대단해', '정말 부러워'라며 칭찬을 아끼지 않을 때가 있다. 요리나 자동차, 연애에 관심이 별로 없는

남과 나를 비교할 때
시기심이 싹트죠

사람이라면 이처럼 상대를 시기하지 않고 순수하게 축하해줄 수 있을 것이다.

요즘 심리학에서는 부러움에 가까운 가벼운 시기심을 '온화한benign 시기심', 부정적인 느낌의 강한 시기심을 '악의적 malicious 시기심'으로 나누어 생각하는 것이 일반적인 추세다. 이러한 구분은 종양에 비유하면 이해하기 편할 것이다. 부러움은 내버려두어도 별로 해가 되지 않는 양성 종양과 같다. 한편 적의를 내포한 시기심은 남의 불행을 바라는 마음인 탓에 자기자신까지 괴롭힌다. 즉 악의적 시기심은 마음의 건강을 해치는 악성 종양과도 같다.

그리고 생각해보라. 시기하는 대상에게 '네가 부러워'라는 말은 할 수 있어도 '너를 시기해'라는 말은 할 수 없을 것이다. 만약 이런 감정을 직접적으로 드러내면 상대에 비해 자신이 열등하다는 사실을 공공연히 인정하는 것과 같은 마음이 들어 자존심에 큰 상처를 입을 것이다. 시기심은 공개하기에는 너무 수치스러운 감정이다.

1998년에 제작된 SF 애니메이션 〈스프리건Spriggan〉에도 시기심과 관련된 인상적인 장면이 등장한다. 이 만화의 주인공은 초고대문명의 유산을 지키는 파수꾼 스프리건 중 한 명인 오미나에 유다. 그는 어릴 때 미군의 극비 프로젝트 조직에 납치된 후 넘버 43이 되어 세뇌와 특수훈련을 받았지만 우여곡절 끝에 가까스로 인간다움을 회복한다. 이야기의 막바지에는 주인공과 똑같이 이름과 출신을 빼앗긴 넘버 0라는 남성이 부대를 이끌고 일본 궤멸에 나서는 장면이 나오는데, 그 남자는 왜인지 주인공을 집요하게 공격한다. 그러나 결국 전쟁에 패배하고, 마지막에는 주인공의 도움을 한사코 거절하며 이렇게 말한다.

"오미나에 유, 사실 나는 말이야, 네가 부러웠어. 안녕."

말을 마치자마자 넘버 0는 수류탄으로 자폭한다. 같은 조건에서 만들어진 병사였는데도 오미나에 유는 다시 인간으로 살고 있었다. 그래서 넘버 0는 부러운 마음과 적의가 뒤섞인 악의적 시기심으로 주인공을 몰아붙였던 것이다. 그리고 스스로 목숨을 끊기 직전에야 비로소 그 진심을 넘버 43에게 털어놓는다.

이런 심리묘사에서도 알 수 있듯이 시기심이란 죽기 직전에야 토로할 수 있을 만큼 수치스러운 감정인지도 모르겠다. 심지어 그 상대와 내가 비슷한 조건이라고 여겨지면 더더욱 견디기 힘든 괴로움을 맛보게 된다.

남과 나를 비교할 때
시기심이 싹트죠

나도 잘만 하면 저렇게
될 수 있을 것 같은데…

"옆집 아이는 명문대에 합격했대요. 우리 아이도 그 학교에 들어가려고 열심히 공부했는데…."

우리는 종종 남의 행복을 순수하게 기뻐하지 못한다. 학교에서의 시험성적이나 입시결과를 확인할 때 흔히 생길 수 있는 마음이다. 또 입사동기의 승진이나 친구의 출세를 진심으로 축하하지 못하고 씁쓸한 패배감과 시기심에 휩싸이기도 한다.

그런데 자신보다 열 살이나 스무 살쯤 많은 선배가 승진을 했다면? 이런 사람에게 시기심을 느끼는 사람이 있을까? 아마 별로 없을 것이다. 마찬가지로 어느 바이올리니스트가 세계적인 콩쿨에서 그랑프리를 받았다거나 어느 과학자가 노벨상을 받았다는 소식을 들으면 그들을 칭찬하면 했지 시기하는 사람은 거의 없을 것이다. 만약 전용기로 세계 각지를 오가는 세계적인 스타나 카리브 연안의 별장에서 여름휴가를 즐기는 다국적기업의 CEO를 시기하는 사람이 있다면, 그 사람은 상당한 실력자이거나 환상의 세계에 사는 사람이지 않을까?

우리는 엄청난 능력과 지위를 가진 사람, 내가 절대 가질 수 없는 것을 가진 사람에게는 시기심이나 부러움보다는 동경과

찬사를 보낸다. 왜일까?

우리는 상대가 가지고 있는 것을 나도 가질 수 있을지 없을지를 판단하기 때문이다. 다시 말해 나와 상대가 비슷하다고 판단할수록 시기심은 강해진다. 충분히 경쟁할 수 있는 상대라서 시기하는 것이다.

우리는 자신과 비슷한 사람을 일부러 선택하여 비교하는 경향이 있다. 사회심리학 초기에 활약한 미국의 심리학자 레온 페스팅거Leon Festinger는 이런 마음의 작용을 '사회비교'라 칭했다. 그리고 이 사회비교는 심리적으로 자신과 유사하다고 판단되는 사람에 대해 일어나기 쉽다고 했다. 그래서 우리는 자신과 동등하거나 비슷해 보이는 사람이 자신이 갖지 못한 것을 먼저 갖고 자신이 도달하지 못한 수준에 먼저 도달했을 때 부러움과 시기심을 느낀다.

아이들도 마찬가지다. 1,600명의 초등학생과 중학생을 대상으로 조사를 진행한 적이 있었다. 그 결과 상대와의 차이가 아주 적을 때, 즉 자신도 상대처럼 될 수 있다고 생각할 때 시기심이 발생하기 쉽다는 사실을 알 수 있었다.

조사를 위해 아이들에게 자신보다 성적이 좋거나 용돈을 많이 받는 가상의 친구가 등장하는 간단한 시나리오를 읽게 했다. 그리고 자신도 그 친구처럼 될 수 있을지, 다시 말해 획득

남과 나를 비교할 때
시기심이 싹트죠

가능성이 얼마나 높은지를 물은 다음에 시기심에 관해 다시 물어보았다.

이 조사에는 두 가지 시나리오가 준비되어 있었다. 하나는 예전에는 자신과 성적이 비슷했지만 이번 시험에서 자신보다 좋은 성적을 받은 친구가 등장하고, 또 하나는 원래부터 자신보다 공부를 잘했었고 이번에도 자신보다 좋은 성적을 받은 친구가 등장한다. 아이들에게 둘 중 어떤 글을 읽은 후에 자신도 그 친구처럼 될 수 있을 것 같다고 느꼈는지(획득 가능성), 둘 중 어느 이야기에 더 많은 부러움과 시기심을 느꼈는지 물어보았다.

그 결과 아이들은 공부와 운동 등 능력 면에서 자신과 비슷한 상대에 대해 높은 획득 가능성을 느끼는 것으로 나타났다. 나와 비슷한 상대가 얻은 행복이라면 당연히 나도 얻을 수 있다고 추측한 것이다. 게다가 시기심의 대상과 내가 실제로 얼마나 비슷한지와는 관계없이 나도 상대처럼 될 수 있다고 느끼기만 하면, 즉 획득 가능성이 높다고 느끼는 것만으로도 시기심이 쉽게 유발되는 것으로 확인되었다.

스트레스 연구로 유명한 미국의 심리학자 리처드 라자루스 Richard Lazarus 역시 자신보다 뛰어난 상대를 보면서 '나도 잘만 하면 저렇게 될 수 있다'는 생각으로 스트레스를 받는 것이 시기심의 특징이라고 말한다.

　손이 닿을 듯 말 듯한 그 미묘한 차이야말로 시기심이 무럭무럭 자라는 토양인 셈이다.

노력하거나 회피하거나 공격하거나

"너는 공부도 잘하고 운동도 잘해서 좋겠다", "게임기 새로 샀다며? 정말 좋겠다", "아무개는 여름방학 때 가족끼리 하와이에 갔다 왔대, 완전 부러워."

　아이들은 성인과 달리 자신보다 능력이나 환경이 우월한 사람에 대한 부러움을 곧잘 직접적으로 표현한다. 그러나 그 부러움에 얄밉다는 적의가 섞이기 시작하면 위험해진다. '공부 잘한다고 우쭐대서 꼴 보기 싫어', '하와이에 갔다 왔다고 너무 자랑해서 재수가 없어' 하는 식으로 시기를 받게 되면 금세 공격이나 괴롭힘의 대상이 되고는 한다.

　그러나 우리는 점차 나에게 무엇이 중요하고 무엇은 중요하지 않은지를 구분하게 되고, 그것을 기준으로 시기의 대상을 압축해 나간다. 이런 경향은 성인이 될수록 강해진다.

남과 나를 비교할 때
시기심이 싹트죠

초등학생과 중학생 약 1,000명을 대상으로 설문조사를 진행한 적이 있다. 우선 성적과 달리기 속도, 게임기의 유무 등이 자신에게 얼마나 중요한지를 물었다. 그런 다음, 자신보다 성적이 좋거나 달리기가 빠른 가상의 친구에게 얼마나 시기심을 느끼는지 알아보았다. 그 결과 중학생에게서는 자신에게 중요한 것을 가진 친구일수록 그에 대해 강한 시기심을 느끼는 경향이 나타났다. 이처럼 우리는 어릴 때는 무엇이든 다 부러워하지만 성장할수록 자신에게 중요한 것과 그렇지 않은 것을 구분하고 그 기준에 따라 시기심을 느낀다.

그러면 아이들은 다른 사람에게 시기심을 느낄 때 어떤 행동을 취할까? 대학원 시절 150명의 초등학생과 중학생을 대상으로 설문조사를 실시한 적이 있다. 시기심을 느낀 경험을 조사할 계획이었는데 초등학생과 중학생은 어휘력이 모자라서 '시기'라는 말을 제대로 이해하지 못할 우려가 있었다. 그래서 친구나 형제가 우쭐한 것을 보고 기분이 나빴을 때를 되도록 자세히 떠올려서 이야기해달라고 부탁했다. 그 결과 중학생보다 초등학생이 더 열심히 해야겠다고 생각했다거나 그 사람에게 도움을 받고 싶었다는 등의 긍정적인 대답을 많이 했다.

또한 가상의 친구가 나오는 시나리오를 읽게 하고 그 친구에게 느낀 감정에 대해 묻는 항목에서는, 시기심을 느낀 후의 행동이 크게 세 가지로 나뉘는 것을 알 수 있었다. 첫째는 노력으로 대표되는 건설적인 행동, 둘째는 아무것도 하지 않거나 하던 일을 그만두는 등의 회피적 행동, 마지막은 상대의 험담을 하는 등의 파괴적 행동이었다. 그중에서 '아무 행동도 하지 않고 그 일을 잊으려 한다', '어쩔 수 없다면 포기한다' 같은 회피적인 대답은 초등학생보다 중학생에게서 많이 나왔다.

아마도 우리는 성장함에 따라 노력으로는 도달할 수 없는 무언가가 있으며 때로는 포기가 상책이라는 사실을 절절히 깨닫는지도 모르겠다. 이는 성인도 마찬가지여서 누군가를 시기할 때는 노력하거나 포기하거나 공격하거나, 셋 중 하나를 선택해야 한다.

악의적 시기심에
사로잡힐 때

그렇다면 우리는 어떤 경우에 부정적인 시기심, 즉 악의적 시기심에 사로잡힐까?

우리는 자신보다 높은 지위나 많은 자원, 큰 행복을 가진 사

남과 나를 비교할 때
시기심이 싹트죠

람에 대해 '공정하지 않다', '정당하지 않다'라고 느끼면 악의적 시기심에 사로잡힌다.

최근 동료 A의 영업실적이 부쩍 좋아졌다. 그는 결근도 잦고 예전부터 근무태도가 매우 불성실했으며 지금도 그것은 변함이 없다. 그런데도 최근 들어 갑자기 실적이 좋아졌다니 이상하다. 실적을 조작하거나 부정을 저지른 건 아닐까? 나도 모르게 의심하게 된다. 매일 놀기만 하고 나보다 성적도 나빴던 친구가 나는 불합격한 기업에 부모의 인맥으로 합격했다는 소식을 들었다. 이런 일을 겪는다면 기분이 어떨까? 겉으로는 축하할 수 있을지 몰라도 마음은 결코 편하지 않을 것이다. 애인이 없어서 외로움에 사무쳐 있는데 전철 안에서 사이좋은 커플을 보았다. 그들이 만약 미남미녀 커플이라면 잘 어울린다며 수긍할지도 모르겠다. 그런데 아무리 봐도 외모가 별로인 사람이 잘생긴 남자나 예쁜 여자와 사귀는 것을 보면 어쩐지 불편해진다.

하지만 친구가 동원한 부모님의 인맥도 생각에 따라서는 부당하다고만 할 수 없고, 우연히 본 커플이 어떤 사연으로 사귀게 되었는지 우리는 알지 못한다. 사실 누구에게 입사 자격이 있는지, 그 남자와 그 여자가 얼마나 잘 어울리는지는 우리가 판단할 문제가 아니다. 그런데도 우리는 때때로 타인이 누리는 행복이 정당하지 않다, 공정하지 않다고 마음대로 생각하고는 불쾌감과 적의를 품는다.

이때 생기는 감정이 악의적 시기심이다. 악의적 시기심은 그대로 방치하면 남을 비방하거나 남에게 원한을 품게 만드는 등 부정적 결과를 초래한다. 내가 실시한 조사결과를 보면 초등학생이라도 악의적 시기심을 품으면 상대를 험담하거나 무시하는 행동을 취하기 쉬운 것으로 나타났다. 악의적 시기심은 말 그대로 나쁜 결과를 초래하는 시기심이다.

그런 반면 앞서 말했듯 시기심에는 긍정적인 효과도 있다.

동료 A와 똑같이 영업실적이 올라 부러움의 시선을 한몸에 받는 동료 B가 있다고 하자. 무슨 변화가 있었는지 정확히는 모르겠지만 평소 B를 지켜본 결과 엄청난 노력의 결과로 추측된다. 이럴 때 생기는 온화한 시기심은 말 그대로 향상심을 불러일으키는 긍정적인 효과가 있다.

네덜란드의 사회심리학자 닐스 반 데 벤Niels van de Ven은 실험을 통해 부러움(온화한 시기심)이 어떤 효과를 내는지 조사한 적이 있다. 반 데 벤은 피험자에게 과거에 부러움이나 시기심(강한 시기심)을 느꼈던 사건을 떠올리게 하거나 가상의 인물을 상정하여 그런 감정을 경험시킨 후 언어연상 과제를 수행하게 했다. 그러자 부러움을 느낀 그룹은 시기심을 느낀 그룹보다 과제를 끈기 있게 지속하는 경향을 보였고 성적도 좋았다.

이처럼 자신을 향상시키는 온화한 시기심은 자주 느끼고 싶고, 자신을 괴롭히는 악의적 시기심은 되도록이면 느끼고 싶지 않을 것이다. 그러나 그게 말처럼 쉬운 일이 아니다. 상대가 지금 누리고 있는 행복이 정당한지, 공정한지 판단하는 일은 극히 주관적일 수밖에 없기 때문이다. 우리는 그저 우리가 느끼고 싶은 대로 느낄 뿐이다.

절친한 친구나 동료 역시 상황에 따라 쉽사리 악의적 시기심의 대상이 될 수 있다. 우리가 끝없이 무언가를 원하고 성공을 추구하는 존재인 이상, 시기심과 마냥 무관하게 산다는 건 있을 수 없는 일이다.

집단적으로 생기는
시기심

누구나 시기의 대상이 될 수 있지만, 예외는 있다. 엄청난 부자나 세계적인 운동선수처럼 구름 위에 있는 듯한 존재들이 그 예외에 해당한다. 그들을 동경할지언정 시기하는 사람은 거의 없다. 자신은 아무리 노력해도 그 수준에 도달할 수 없다고 미리 체념하기 때문에 시기심이 들지 않는다. 동경을 품는 것 자체가 처음부터 결론이 난 승부를 인정한다는 뜻이다.

그러나 동경이 아니라 시기심을 느낀다면 치열한 경쟁의 소용돌이 속으로 몸을 던지겠다는 뜻이다. 앞서 말했다시피 획득 가능성이 어느 정도 있다고 판단해야 시기심을 느끼므로 시기심은 상대처럼 될 수 있을 거라는 가능성의 방증이기도 하다.

현대 일본 사회는 치열한 경쟁을 벌이면서도 평등을 중시한다. 이런 사회 분위기가 획일화로 향하는 모습을 그려내기도 한다. 그래서 튀는 능력이나 개성의 소유자는 환영받지 못한다. 일단 언행이 주변과 동화되지 않으면 불쾌한 감정의 대상이 되고 만다. 개성을 중시한다면서 획일화된 교육을 받게 하고, 개성 있는 사람을 채용하고 싶다면서 조직에 잘 순응할 듯한 사람을 채용한다. 모난 돌이 정 맞고 특이한 사람은 배제되기 쉬운 사회다.

앞서 소개한 시기심 연구의 일인자 리처드 스미스가 비교문화를 전문으로 하는 심리학자 히토코토 히데후미—言英文 그리고 나와 공동으로 연구를 진행한 적이 있다. 우리들은 미국과 일본의 대학생 2,400명에게 온화한 시기심이나 악의적 시기심을 느끼게 했던 과거의 사건을 떠올리게 하고 그때 느낀 감

남과 나를 비교할 때
시기심이 싹트죠

정의 강도와 빈도 등을 물었다. 그 결과 미국인보다 일본인이 온화한 시기심과 악의적 시기심 둘 다를 더 자주 느끼는 것으로 나타났다.

평등을 좋아하는 성격 때문에 타인과의 작은 차이도 문제삼기 쉽고 시기심을 느낄 기회도 많은 것이다. 불행하게도 일본 사회는 시기가 만연한 와중에 경쟁을 강요하는 사회인 것이다. 이러니 내버려두면 시기심 때문에 여러 문제가 곳곳에서 펑펑 터질 듯하지만 실제로는 그렇지도 않다. 아무래도 일본 사회에는 사람들의 시기심을 완화하는 효과적인 장치가 있는 것 같다.

그중 하나가 누진과세제 아닐까? 누진과세란 고액 소득일수록 더 높은 세율을 적용하는 소득세 부과방식이다. 고소득자일수록 세금을 부담할 능력인 담세력이 높은 데다가 세금의 소득재분배 효과에 의해 과세평등을 이룰 수 있기 때문에 이 방식을 활용하는 나라가 많다.

미국의 사회심리학자인 수잔 피스크Susan Fiske는 인간들은 특정한 집단에 속한 사람을 색안경을 끼고 보기 쉬우며, 그 결과 다양한 감정과 행동이 발생한다는 사실을 스테레오 타입stereotype 모델로 설명한 바 있다. 이 모델 안에는 집단에 관한 인식(고정관념), 감정(편견), 행동(차별)이 잘 통합되어 있다. 예

64

를 들어 사람들은 노숙자 등 빈곤층에 대해 대개 무능하다고 인식하여 혐오감이나 모멸감을 품기 쉽다. 그래서 그들을 무시하거나 심지어 위해를 가하는 등의 부정적 행동을 취한다. 한편 힐스족* 등 부유층에 대해서는 능력은 뛰어날지 몰라도 왠지 선량하지 않거나 공정하지 않을 것이라고 생각하며 시기심을 느끼기 쉽다.

이처럼 마음에 들지 않는 부유한 사람들이 누진과세로 돈을 뜯기고 있으니, 사람들은 자신이 직접 손을 쓰지 않아도 시기심을 조금 누그러뜨릴 수 있다. 즉 이런 제도의 존재 자체가 대중의 집단적 시기심을 완화하는 역할을 한다고 볼 수 있다.

공무원을 집요하게 괴롭히는 사회 분위기, 사람들이 흔히 말하는 '공무원 두들기기公務員バッシング**'도 집단적 시기심으로 설명할 수 있다. 신분이 공무원인 사람이 불상사나 불미스러운 사건에 연루될 때면 십중팔구 '혈세를 받으면서 무슨 짓이냐', '세금 낭비다', '공무원을 줄여라'라는 말이 나온다. 그러나 냉정히 생각해보자. 일반 기업에도 불상사를 일으키는 사

* 도쿄 시내의 고급 주상복합건물인 롯폰기힐스에 사는 부유층을 가리킨다. 이들은 대개 IT 기업이나 벤처기업의 CEO들이다.
** 일본 역시 재계와 정부가 '구조개혁'을 진행하면서 비정규직 노동자가 증가하고 사회보장 제도가 축소되는 등 서민들의 생활의 질이 매우 낮아졌는데, 이에 대한 사회적 분노의 화살이 비교적 안정적인 공무원들에게 향하고 있다. 이런 사회적 현상을 가리키는 말이다.

남과 나를 비교할 때
시기심이 싹트죠

람은 있다. 공무원이라서 불상사를 일으킨 것도 아니고 성실히 일하는 공무원들이 훨씬 많다. 게다가 당연하지만 공무원 역시 세금을 내고 있다. 그런데도 공무원에 대한 비난은 끊이지 않는다. 공무원을 적대시까지는 하지 않아도 '공무원은 구조조정 걱정 없이 설렁설렁 일하며 편하게 산다', '미래에 대한 걱정이 필요없다' 등의 색안경을 끼고 그들을 바라보지는 않는가?

우리는 공무원에 대해서도 부유층을 볼 때와 같은 고정관념을 갖고서는 시기심을 느낀다. 그래서 그들을 비난하기도 하고 공무원의 처우가 나빠져도 당연하다고 생각한다.

과거 나치 독일이 유대인을 박해했을 때도 유대인에 대한 독일인의 스테레오 타입을 나치가 이용했다고 주장하는 학자가 있다. 당시 실업률이 높아지는 가운데서도 독일 내 유대인은 부유층에 속해 있었다. 그래서 사회 전반에 유대인을 시기하는 분위기가 만연해 있었고, 그것이 그들을 차별하고 핍박하는 데 충분한 지지기반을 제공한 것이다.

남의 행복은 나의 불행
남의 불행은 나의 행복?

우리는 시기하는 대상과 마주치면 마음이 편치 않다. 어떻게든 그 불편한 마음을 해결하려고 노력한다. 더 노력하거나 아예 무시하거나 공격에 나서거나 하며 말이다. 그런데 시기심이 해소되는 다른 방법도 있다.

시기심은 앞에서 언급한 샤덴프로이데와 연동한다. 샤덴프로이데는 타인의 불행을 기뻐하는 감정이다. 17세기의 철학자 스피노자는 이런 말을 남겼다.

질투란 인간이 타인의 행복을 싫어하고 오히려 불행을 기뻐하게 만드는 미움의 감정이다.

심리학에는 시기하는 사람의 불행을 기뻐하는 심리를 조사한 수많은 연구결과가 있다. 나 역시 조사를 통해 시기심이 샤덴프로이데를 강화한다는 사실을 확인했다.

한 설문조사에서 나는 대학생들에게 가상의 한 대학생이 음주운전으로 붙잡혀 취업 합격을 취소당하고 애인에게 결별을 통보받는다는 내용의 시나리오를 읽게 했다. 피험자들이 이

남과 나를 비교할 때
시기심이 싹트죠

불행한 시나리오를 읽기 전에 이들에게는 시나리오에 등장한 가상의 대학생에 관한 두 가지 정보 중 한 가지가 주어졌다. 하나는 경제적으로나 능력 면에서 유리한 점이 많은 대학생이라는 정보였고, 또 하나는 그다지 뛰어난 점이 없는 평범한 대학생이라는 정보였다. 그랬더니 피험자들은 같은 불행을 당했음에도 유리한 점이 많은 대학생이 당한 불행에 더 큰 기쁨을 느끼는 것으로 나타났다. 즉 시기심을 자극하는 인물의 불행을 더 기뻐한 것이다.

그 이유는 무엇일까? 그 답은 시기심을 느끼는 사람의 심리에 숨어 있다.

사람은 나에게 중요한 무언가와 관련해 상대가 더 뛰어남을 알아챘을 때 시기심을 느낀다고 했다. 내가 상대보다 열등하다는 사실을 알고 자존심이 상한 것이다. 심리학에서는 이런 심리작용을 '상향비교'라고 부른다. 상향비교로 자기평가가 저하되면 부정적인 감정이 생겨난다.

그런데 나의 자존심을 상하게 한 사람이 스스로 불행해지면 기분이 어떨까? 그렇게 되면 이제 내가 낫다고 생각할 것이다. 이를 '하향비교'라고 한다. 하향비교는 나보다 열등한 사람을 보며 안심하는 심리작용이다. 하향비교로 자기평가가 즉시 상승하는 것은 아니지만 왠지 기분이 좋아지고 고양된다.

이렇게 우리는 시기심을 자극한 사람, 즉 나의 자기평가를 끌어내린 사람이 불행해지면 상처 입은 자존심이 치유되어 기쁨을 느낀다. 그야말로 '남의 행복은 나의 불행, 남의 불행은 나의 행복'인 감정의 시소게임에 본의 아니게 몸을 맡기는 것이다.

　그러나 이런 마음을 남에게 쉽사리 알릴 수 없다. 그 시기심은 나만의 감정이기 때문이다. 원한이라면 설사 조금 어긋났다고 하더라도 나는 부당하게 상처 입었다고 강하게 주장할 수 있다. 하지만 시기심은 다르다. 어디까지나 나와 상대를 내 멋대로 비교하여 상대가 더 나은 상황이 불공평하다고 떼를 쓰는 것에 불과하기 때문이다.

　아라카와 히로무荒川弘의 만화 《강철의 연금술사》에는 이름부터가 엔비envy인, 소년의 모습을 띤 인공생명체(호문클루스)가 등장한다. 어떤 인간으로도 변신할 수 있는 엔비는 연약하고 실수투성이인 인간을 철저히 무시했다. 그런데 주인공이 사는 나라의 국가 연금술사인 에드워드 엘릭은 인간에 대한 엔비의 부러움을 알아챈다. 인간에게 마음을 들킨 엔비는 굴욕의 극치라는 말과 함께 자신의 심장인 현자의 돌을 스스로 깨트려 목숨을 끊는다.

　이처럼 나의 시기심을 남에게 들키는 일은 무척 괴롭다. 그

69

러면 내가 열등하다는 현실과 여지없이 직면해야 하기 때문이다. 우리는 종종 나의 나약함을 인정하기 싫어서 남에게 가시 돋친 말을 하거나 상처를 입힐 때가 있다.

호문클루스 엔비도 인간을 무시하는 듯했지만 속으로는 아무리 괴로운 일이 있어도 다시 일어서는 인간의 강인함, 그 힘의 근원인 인간들끼리의 유대를 부러워했다. 그래서 오히려 인간을 몰아붙이고 상처 입히려 한 것이다.

시기심이 내게
알려주는 것

중요한 것은 자신이 낳은 시기심의 꼭두각시가 되어서는 안 된다는 점이다. 〈스프리건〉의 넘버0와 《강철의 연금술사》의 엔비는 스스로가 낳은 시기심에 사로잡혀 주인공에게 집착했다. 부정적 감정을 없앨 수는 없다 해도 이처럼 부정적 감정에 사로잡혀 자신을 잃어버리는 사태만은 피해야 한다.

살다보면 이처럼 시기나 원망에 사로잡혀 사는 사람도 만나게 된다. '이렇게 열심히 하는데 아무도 인정해주지 않아', '나는 무엇을 해도 인정받지 못하는데, 저 녀석은 늘 인정받아'라고 항상 생각하는, 우울한 공기가 주변에 떠도는 듯한 사람 말이다. 이들은 시기를 심화하여 원한으로 만드는 악순환에 빠진 것처럼 보인다.

그러면 우리는 원망과 시기심에 휩싸일 때 어떻게 해야 할까?

일단은 심호흡을 하면서 내가 무엇에 대해 시기하는지, 누구를 원망하고 있는지 생각해보자. 업무평가가 마음에 들지 않은 건가? 동기가 출세한 것에 부아가 난 건가? 아니면 의사결정 과정이 모호해서 화가 났나? 이처럼 내가 놓인 상황을 객관적으로 곰곰이 생각해보는 것이다.

그런 다음 내 시기심의 구체적인 이유를 찾아보자. 마음에 안 든다는 이유로 상대를 모조리 부정하는 흑백논리에 빠지면 마음의 위안과 여유만 잃을 뿐이다. 그러니 '내가 알기로 저 동기는 좋은 친구야. 저 친구를 모조리 부정할 생각은 없어. 다만 능력도 업무실적도 나보다 못하다고 생각했는데 나보다 먼저 과장으로 승진한 상황을 이해할 수 없을 뿐이야' 이런 식으로 구체적으로 생각하면서 시기심의 이유를 차근차근 따져보자.

그런 다음 이렇게 자각할 수 있게 된 시기심을 잠시 옆으로 밀어놓고 눈앞에 닥친 일, 해야 할 일에 몰두해보자.

이렇게 시기심을 외면하지 않으면서 적당히 거리를 두면 격

남과 나를 비교할 때
시기심이 싹트죠

렬한 감정에 휘둘리지 않게 된다.

하지만 그래야 한다고 생각하면서도 도저히 감정이 조절되지 않을 때가 있을 것이다. 이럴 때는 나를 냉정하게 바라보는 '또 하나의 나'의 힘을 빌리자. '○○○, 너의 시샘하는 마음은 충분히 이해해', '이 일은 네가 정말로 하고 싶었던 일이잖아? 그런 일을 빼앗겼으니 분한 것도 당연하지'라며 일단은 나의 감정을 인정해야 한다.

만약 어느 누구에게도 털어놓을 수 없어서 속만 탈 정도라면 아예 '부럽다'고 말해버리자. 즉 악의적 시기심이 아닌 온화한 시기심임을 일부러 강조하는 것이다. 온화한 시기심은 긍정적인 효과를 낸다는 연구결과가 있으니 부럽다고 생각하면 다양한 조치가 가능해진다.

그런데 온화한 시기심은 상대의 행복이 정당하다고 인정하는 데에서 출발한다. 그러므로 일단 상대를 인정하고 나서 나를 격려해야 한다. 그런 마음의 여유를 낼 용기가 있느냐 없느냐가 관건이다.

다루기에 따라서 시기심은 나의 상황을 다시 돌아보게 만드는 긍정적인 효과를 낼 수 있다. 스스로 제어할 수 없는 의사결정이나 운명 때문에 괴로워하는 것은 귀한 시간을 낭비하는 것에 불과하다. 우리는 이번에 원하는 것을 얻지 못했을 뿐이지 전부를 잃은 것이 아니다. 잃어버린 듯한 기분에 속아서는 안 된다. 이렇게 생각하면 오히려 시기심은 미래에 무언가 새로운 것을 획득할 계기를 만들어주는 감정이다.

남과 나를 비교할 때
시기심이 싹트죠

3장

뇌과학자의 이야기

시기할 때 우리 뇌에서는
무슨 일이 벌어질까요?

전방대상피질이
활성화 되고 있다..

시기와 질투는
다르다

시기와 질투. 이 둘은 같은 의미로 쓰일 때가 많다. 그러나 이들이 정말로 같을까? 완전히 같은 의미라면 어째서 각각 다른 단어를 쓸까? 우리말뿐이 아니다. 영어 역시 envy(시기)와 jealousy(질투)라는 단어가 각각 존재한다.

시기와 질투는 매우 비슷한듯 보이지만 엄연히 별개인 감정이다. 따라서 언어가 성립되는 과정에서도 사람들은 두 단어를 구분하여 사용해왔을 것으로 생각된다. 적어도 학술적으로는 시기와 질투가 전혀 다른 감정이다.

시기는 자신이 갖고 있지 못한 가치 있는 자원을 자신 이외

시기할 때 우리 뇌에서는
무슨 일이 벌어질까요?

의 누군가가 갖고 있고 그것을 자신도 갖고 싶을 때, 그 상대에 대해 생겨나는 불쾌한 감정을 말한다.

질투는 자신이 가지고 있는 가치 있는 자원을 자신 이외의 누군가는 갖고 있지 않지만 그 자원을 그 사람에게 빼앗길 가능성이 있을 때 또는 자신이 갖고 싶어하는 가치 있는 자원을 다른 누군가가 갖게 될 가능성이 있을 때, 그 상대를 배제하려고 하는 불쾌한 감정을 말한다.

가끔 이 두 가지 감정은 뒤섞여서 발생하기도 한다.

자신에게는 없는 훌륭한 무언가를 다른 사람이 갖고 있다는 것을 알았을 때 '저 사람이 가진 것을 나도 갖고 싶어 못 견디겠어'라는 생각이 든다면 시기심이다. 한편 '저 사람이 가진 훌륭한 무언가를 나는 갖고 있지 않아. 훌륭한 것이 없는 나는 버려지고 저 사람이 선택될지도 몰라. 정말 불안해'라고 생각된다면 질투심이다. 질투심은 지금의 자기 위치가 누군가에 의해 손상될지도 모른다는 불쾌감이다.

여자는 남자보다
질투심이 강할까?

시기妬み*와 질투嫉妬란 글자에는 공통적으로 계집녀女 변이 들어간다. 이들 글자를 만든 사람은 여성의 시기심이나 질투심이 남성보다 상대적으로 강하다고 생각했던 걸까? 독자 여러분은 어떻게 생각하는가?

그러나 경험과 느낌에 의지한 추측은 예술작품이나 일상적인 소통 또는 인생 선배가 강연회나 술자리에서 젊은이들에게 하는 설교의 소재로는 좋을지 몰라도 과학적으로는 아무런 의미가 없다. 경험과 느낌으로 하는 이야기는 단순히 통계적으로 보아도 조사대상이 편협하여 근거가 부족하다. 또 관찰자의 편견이 포함되었을 가능성이 높아 신뢰성이 극히 낮다고 할 수밖에 없다. 즉 여성이 남성보다 시기심이 강하다는 경험적 지식은 과학적 근거가 없는 혈액형별 성격과도 같은 이야기일 뿐이다.

세상 누구도 남성의 삶과 여성의 삶을 모두 경험할 수는 없으므로(두 가지 성이 병존하는 '양성 뇌'는 있지만 그 역시 남성과 여성

---

* 일본어로 '시기'는 妬み로 표기되며, '네타미'라고 읽는다.

시기할 때 우리 뇌에서는
무슨 일이 벌어질까요?

을 실제로 경험했다고 볼 수는 없다) 어느 한쪽이 시기심이 더 강한지 혹은 질투심이 더 강한지 경험적인 지식만으로는 단언하기 어렵다. 그러면 과학은 남성과 여성의 시기심을 어떻게 비교할까?

뇌과학에서는 실제로 뇌 속을 들여다보는 장치로 뇌가 기능하는 모습을 관찰함으로써 남녀가 어떻게 다른지 조사한다. 최근에는 fMRI(Functional MRI, 뇌기능 자기공명영상)가 뇌 속을 관찰하는 장치로 자주 활용된다. fMRI를 통해 뇌의 활동, 정확하게 말하면 신경활동과 관련된 혈류를 관찰할 수 있게 되면서 2000년대 이후 뇌과학은 사람의 감정을 연구하는 데 있어 급속한 발전을 이루었다.

f가 붙지 않은 보통 MRI는 누구나 들어보았을 것이다. MRI(자기공명영상)는 강한 자기장을 사용하여 몸을 열어보지 않고도 인체의 내부를 들여다볼 수 있게 하는 장치다. 인체는 물과 지방 등으로 구성되어 있고, 이 모든 성분에는 대부분 수소원자가 포함되어 있다. 인체에 자기장을 쪼이면 이 수소원자가 신호를 보내는데, 그것을 감지하여 화상화하면 어디에 어떤 물질이 얼마나 있는지 그 내부구조를 파악할 수 있다. 뇌에도 이 장치를 적용할 수 있어서 두개골을 자르지 않고도 뇌 안쪽의 병변을 조사할 수 있다.

혈액 속 적혈구의 헤모글로빈이 산소를 운반한다는 사실은 누구나 알고 있을 것이다. 그런데 산소와 결합한 헤모글로빈(옥시헤모글로빈)과 산소를 놓친 헤모글로빈(디옥시헤모글로빈)은 자기장에 대해 각기 다른 반응을 보인다. 옥시헤모글로빈은 반자성체反磁性體*라서 MRI 신호에 영향을 주지 않지만 상자성체常磁性體인 디옥시헤모글로빈은 자기장을 일그러트린다. 따라서 수소원자에서 나오는 MRI 신호가 약해진다. 뇌가 활동한다는 것은 신경세포가 활동한다는 뜻인데, 신경세포의 활동이 증가하면 산소 소비량이 늘어난다. 그러면 그 부분의 디옥시헤모글로빈 농도가 상승한다. 그리고 몇 초 뒤면 소비된 산소를 보충하기 위해 국소적인 뇌 혈류량이 급격히 증가하여 소비된 양보다 훨씬 많은 산소가 공급되고 옥시헤모글로빈 농도가 급격히 올라간다. 그러면 강한 MRI 신호가 오래 지속된다. 이를 'BOLD 효과'라 한다. BOLD 효과는 현재 도호쿠복지대학교의 특임교수로 있는 오가와 세이지小川誠二가 1988년에 발견한 현상이다. BOLD 효과가 발견된 덕에 fMRI도 만들어질 수 있었다.

---

* 자기장의 영향을 받을 때 그 자기장과 반대 방향으로 자화되는 성질을 가진 물질이다. 자석을 갖다 대면 자석의 N극, S극 방향과 반대 방향으로 자화되며 이때 서로 밀어내는 척력이 작용한다. 반면 상자성체는 외부 자기장과 같은 방향으로 자화되는 물질이다. 자석을 갖다 대면 자석의 극 방향과 같은 방향으로 자화되며 이때 서로 끌어당기는 인력이 작용한다.

시기할 때 우리 뇌에서는
무슨 일이 벌어질까요?

fMRI는 이러한 BOLD 효과를 이용하여 뇌를 관찰하는데, 뇌신경세포의 전기적 활동을 직접 관찰하는 것은 아니지만 신경활동에 수반되는 대사와 뇌 혈류량의 변화를 계측함으로써 뇌의 활동을 간접적으로 파악한다. 이러한 활동을 통해 객관성이 부족한 경험적 지식과 관찰자의 편견을 최대한 피해 사람의 감정에 대한 여러 연구를 진행할 수 있게 되었다.

물론 뇌과학만이 편견 없이 객관적으로 사람의 감정을 연구할 수 있는 것은 아니다. 심리학에서도 관찰자의 편견을 최대한 배제하는 방법을 고안하고, 그 방법을 통해 피험자의 심리 작용을 수치화(정량화)해나간다. 이 책에서도 심리학자 사와다 선생이 많은 심리학 실험을 소개하고 있다.

그럼 아까의 질문으로 돌아와 실제로 남녀 중 어느 쪽의 시기심과 질투심이 더 강한 걸까? 연구결과 남성의 시기심과 질투심이 더 강하다는 사실이 증명되었다.

뇌 속
시기심의 자리

질투에 대한 이야기는 뒤에서 하기로 하고, 우선 시기에 관해 더 자세히 살펴보도록 하자.

시기심은 뇌의 어떤 부분에서 처리되는 걸까? 방사선의학 종합연구소의 다카하시 히데히코高橋英彦가 이와 관련해 fMRI 실험을 진행하고 그 결과를 《사이언스Science》지에 발표했다.

그는 대학생 피험자에게 시기심을 불러일으킬 만한 시나리오를 읽게 하고, 그때의 뇌 활동을 fMRI로 측정했다. 시나리오는 세 종류였는데, 하나는 자신과 비슷한 조건이지만 자신보다 능력이 뛰어난 동성 학생의 일화(①), 또 하나는 자신보다 능력이 뛰어난 이성 학생의 일화(②), 나머지 하나는 자신보다 능력이 뛰어나다고 볼 수 없는 이성 학생의 일화(③)였다.

그 결과 뇌영역 중 전방 대상피질이 ①과 ②를 읽을 때만 활성화되는 것을 알 수 있었다. 시기심의 강도는 ①〉②〉③, 전방 대상피질의 활성화 강도 역시 ①〉②〉③이었다. 즉 전방 대상피질이 활성화될수록 시기심이 강하다는 뜻이다.

'시기'라고 뭉뚱그려 말하지만 그 강도는 천차만별이다. 앞서 사와다 선생이 설명했듯 상대와의 유사성과 대상의 획득 가능성이 높을 때 시기심도 강해진다.

유사성이란 처지와 조건, 취미와 기호, 인생의 목적 등이 얼마나 비슷한가를 나타내는 지표다. 그 사람도 원래는 나와 비슷한 위치에 있었는데 나보다 대단한 것을 획득했다, 그것이

시기할 때 우리 뇌에서는
무슨 일이 벌어질까요?

불쾌하다는 감정, 이것이 바로 시기심이다. 획득 가능성이란 자신도 그것을 얻을 수 있을 듯하다는 예측감으로 사와다 선생이 시기심과 동경을 구별하기 위해 도입한 개념이다.

그렇다면 시기심을 느낄 때 활성화되는 뇌의 전방 대상피질은 어떤 기능을 담당하는 영역일까?

〔그림 1〕을 보자. 이는 두개골 한가운데를 세로로 잘랐을 때의 단면을 그린 그림이다. 대상회라고도 불리는 대상피질은 우뇌와 좌뇌를 연결하는 뇌량 근처에 있으며, 그 앞부분이 전방 대상피질(전방 대상회)이다. 그림에서는 뇌의 안쪽 깊숙이 들어가 있는 것처럼 보이지만 실제로는 뇌의 가장 겉부분인 신피질의 일부다. 이성적인 사고와 충동억제 등을 주관하는 전두엽과 긴밀하게 연결되어 있어 고도의 인간다운 기능을 담당하는 영역이다.

전방 대상피질은 그밖에도 보상예측, 의사결정, 공감과 감동 등의 인지기능을 전부 담당하고 있다. 보상예측은 우리의 행동과 운동의 '의욕'을 좌우하는 기능이다. 사람의 경우 전방 대상피질이 보상예측에도 관여하고 있으므로 시기심과 의욕이 서로 결부되는 것이 이상하지 않다.

'저 사람에게 시샘이 난다. 그러니 나도 저렇게 되도록 열심히 하자.'

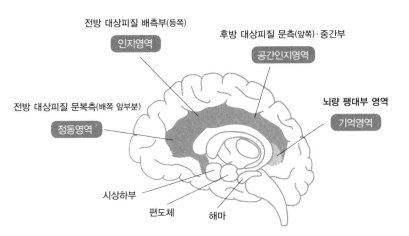

전방 대상피질 배측부(등쪽)

인지영역

후방 대상피질 문측(앞쪽)·중간부

공간인지영역

전방 대상피질 문복측(배쪽 앞부분)

정동영역

뇌량 팽대부 영역

기억영역

시상하부

편도체

해마

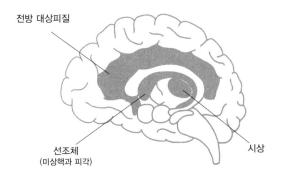

전방 대상피질

선조체
(미상핵과 피각)

시상

[그림 1] 대상피질의 각 영역

* 정동affect이란 외부로 드러나는 감정상태를 말하며, 신체적 변화까지 나타낸다. 공포나 슬픔, 분노나 기쁨 등을 느낄 때 혈압이 오르고 심장이 뛰고 호흡이 빨라지는 등의 현상을 주관하는 영역이 정동영역이다.

시기할 때 우리 뇌에서는
무슨 일이 벌어질까요?

이처럼 부정적인 감정을 통제하여 진취적인 성장에 활용할 수 있다면 이만큼 멋진 일이 또 있을까?

뇌과학에서는 이와 같이 시기심을 효과적으로 활용하는 방법을 어느 정도 인정하고 있다. 물론 좀더 세밀하게 설계된 연구를 통해 정말로 시기심과 의욕이 결부되어 있는지 확인할 필요는 있다.

전방 대상피질은 앞서 설명한 고차원적 인지 말고도 혈압이나 심장박동 조절 등 자율적 기능도 관장한다. 강한 시기심을 느끼면 머리에 피가 쏠리는 느낌이 들거나 가슴이 두근거릴 때가 있는데, 이 역시 전방 대상피질과의 관련을 시사하는 현상이다. 또한 육체적 고통을 처리하는 부분이기도 한데, 이 실험을 진행한 다카하시 히데히코는 전방 대상피질은 신체의 통증을 느끼는 영역이므로 시기심을 '마음의 통증'이라 칭했다. 적확하면서도 시적이고 아름다운 표현이 아닐 수 없다.

남의 불행을
기뻐하는 뇌

자신의 성장을 촉진하는 긍정적 효과가 있기는 하지만, 시기심은 그리 반가운 감정이 아니다. 그 감정을 어떻게든 누르고 제어하고 없애고 싶다고 느끼는 것이 보통일 것이다.

크게 떠들어낼 일은 아니지만, 시기심을 싹 없애는 효과적인 방법이 있다. 바로 시기하는 사람의 불행한 모습을 지켜보는 것이다. 앞서 소개한 메시우마가 여기 해당할 것이다. 이처럼 시기의 대상이 불행을 당했을 때 느끼는 통쾌감을 학술적으로 샤덴프로이데라 부른다고 소개했다. 독일어로 샤덴schaden은 '독' 또는 '좀먹다'라는 뜻이다. 또 프로이데freude는 베토벤의 9번 교향곡 중 '환희의 송가Ode an die Freude' 때문에

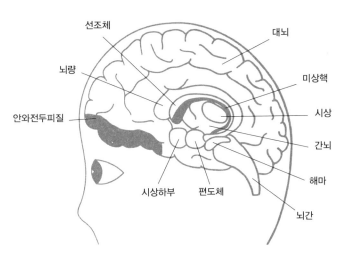

[그림 2] 우리의 뇌

시기할 때 우리 뇌에서는
무슨 일이 벌어질까요?

잘 아는 사람도 있을 텐데, '기쁨'을 뜻한다. 그러니까 '독의 기쁨', 그것이 샤덴프로이데다.

다카하시 히데히코의 실험에서 시기심이 강해질수록 전방 대상피질이 강하게 반응했다고 소개했다. 그런데 시기심을 일으키는 문장에 이어 샤덴프로이데를 유발하는 문장을 피험자에게 제시하자 쾌감을 관장하는 선조체가 급격히 활성화되었다. 또 선조체의 이런 반응은 전방 대상피질이 강하게 활성화된 사람일수록 강하게 나타났다.

즉 시기심이 강할수록 그 대상의 불행한 일을 기뻐하는 마음도 커진다는 것이다. 어쩐지 인간의 어두운 측면을 보게 된 느낌이지만, 타인의 불행을 기뻐하는 감정에도 그 나름의 역할이 있다. 그것은 다음 장에서 정의正義에 대해 분석하면서 다시 이야기하기로 하자.

생존과 번식에 꼭 필요한 시기심

도대체 우리는 왜 시기심을 안고 사는 걸까? 런던대학교의 안토니오 카브랄레즈Antonio Cabrales에 따르면 시기심은 사람이 살아가는 데 필수적인 감정이자 진화과정에서 유전자에 새겨진 중요한 심리작용이다. 사람이 '되도록 많은 것을 손에 넣는다'라는 절대평가가 아니라 '다른 개체보다 더 많은 것을 손에 넣는다'라는 상대평가에 의해 움직이는 것은 시기심 덕분이다. 이런 상대평가 기준은 먹이를 구하거나 파트너를 구하는 행동을 촉진하는 원동력이 된다.

먹이 구하기라면 절대평가일 때와 상대평가일 때 집단 전체의 이득이 어떻게 달라질지 계산하기가 조금 어렵겠지만, 파트너 찾기라는 관점에서 생각해보면 상대평가를 하는 편이 신속하게 파트너에게 접근하여 자손을 남기는 행동을 촉진하기 때문에 집단 전체에 확실히 유익하다.

'많은 이성들 가운데 최적의 개체를 찾아내서 다른 경쟁 개체보다 더 많은 자손을 남겨야겠다.'

이처럼 경쟁심을 부추기는 시기심이 행동을 가속화한다면 자신도 살아남기 쉽고 자손도 남기기 쉬워질 것이다.

독일 괴테대학교에서 사회학을 가르치는 롤프 하우블Rolf Haubl 역시 온화한 시기심의 가치를 사회과학적 관점에서 지적한다. 소비자의 행동을 생각해보아도 납득이 간다. 나에게는 없지만 다른 사람에게는 있는 가치 있는 물건의 존재를 인정했을 때 생겨나는 시기심이 소비자 행동을 촉진하는 것이

시기할 때 우리 뇌에서는
무슨 일이 벌어질까요?

다. '최신 유행의 패션 아이템으로 꾸미고 싶다', '새로 나온 자동차를 사고 싶다', '저 사람의 스마트폰보다 더 멋지고 성능 좋은 제품을 갖고 싶다'라는 시기심이 사회 전체적인 경기를 활성화한다고 할 수 있다. 원래 부정적 감정이었던 시기심이 사회를 활성화한다니, 재미있는 견해다.

사람은 집단으로 행동하며 이득을 최대화한 결과 다른 생물에 비해 압도적으로 유리한 번식환경을 만들어냈다. 시기심이 사회를 활성화한다는 주장에는 심리적·사회적 장치를 진화시켜가며 집단 전체의 이익을 최대화하려 한 인류의 특성이 잘 반영되어 있다.

현대의 심리학자와 뇌과학자들은 실험과 연구를 통해 자신과 다른 사람의 시기심을 적절히 통제하면 자신의 능력을 최대로 끌어올리고 사회 전체에도 활기를 불어넣을 수 있다는 사실을 밝혀냈다. 요컨대 초라하고 불쾌하게만 여겨졌던 시기심이라는 감정이 인간에게 중요한 의미를 지닌다는 사실을 알아낸 것이다.

그러나 시기심이 부정적 감정인 데에는 변함이 없다. 느끼는 당사자도 대상이 된 사람도 결코 기분 좋은 감정이 아니다. 시기심을 긍정적으로 평가하는 사람도 많지 않을 것이다. 옛날부터 그랬다. 우리 선조들은 시기심이 강한 사람을 비웃거나 껄끄럽게 취급했지 높이 평가하지 않았다. 이렇듯 우리는 자신의 시기심을 통제하고 싶어한다. 그럼 어떻게 해야 할까?

무엇보다 자신의 시기심을 자각하는 훈련을 해야 한다. 사실 나의 시기심을 인정하기란 쉽지 않다. 정말 부끄럽고, 경우에 따라서는 죄책감마저 든다. 그러나 이처럼 부끄러움과 죄책감을 느낄 때마다 시기심은 모든 인간이 본능적으로 느끼는 자연스러운 감정이라는 사실을 기억하기 바란다. 마음을 억지로 털어놓으면서까지 부정적인 감정을 타인과 공유할 필요는 없지만 그렇다고 특별히 숨길 필요도 없다. 가장 중요한 것은 나를 객관적으로 보는 관점을 갖추는 일이다.

그것이 어렵다면 시기심을 내 안의 작은 아이라고 생각하고 "시기야~" 하고 부르며 의인화하는 방법도 있다. 이럴 경우 죄의식이 너무 심하면 그 아이가 가엾어진다. 모처럼 당신 안에 생겨난 특별한 감정이고, 삶에서 중요한 역할을 하고 있으니 소중히 여길 필요가 있다.

부정적 감정을 통제하는 첫걸음은 자신을 냉정하게 보는 관점을 갖는 일이다. 그러면 시기심이 왜 생겼는지 분석할 수 있게 된다. 시기심을 거울삼아 자신을 성찰하면 자신의 진짜 목적은 무엇이었고 사실은 무엇을 하고 싶었는지 무척 명료해질 것이다.

시기할 때 우리 뇌에서는
무슨 일이 벌어질까요?

4장

심리학자의 이야기

정의감은 복수심의
또다른 얼굴일지도 모릅니다

'공인'을 향한
과격한 도덕적 잣대

우리는 기본적으로 연예인이나 스포츠 스타 등 유명인에게 부러움을 품고 있다. 그들이 우리들보다 풍요롭게 살기 때문이다. 우리는 그들이 언제 어디서든 대우를 받을 것이라고, 그들의 생활을 제멋대로 상상한다. 그리고 대접받으면서 우아하게 사는 사람이니 그에 걸맞는 행동을 해야 한다고 믿기도 한다. 그래도 이 단계까지는 단순히 부러움을 느끼는 수준이다.

그런데 그들이 불상사를 일으키는 순간, 우리는 그들에게 엄격한 도덕적 잣대를 들이대며 과격한 반응을 보이기도 한다. 그들은 그런 위치에 있으니 그만한 책임감도 가져야 하고

95

만약 무책임하게 불상사를 일으켰다면 그만한 제재를 받는 것이 당연하다고 생각한다. 부러움은 시기심과 종이 한 장 차이다. 처음에는 별로 해로울 것 없던 부러움의 감정이 시기심, 분노, 원한을 각성시키고 만 것이다.

더욱이 막연한 부러움이었을지라도 자신이 열등하다고 느꼈다는 점에서는 다소의 불쾌감이 포함되어 있었을 것이다. 그런 상대가 불상사를 일으켰으니 시기심에 불을 붙이는 데 이만큼 좋은 계기도 없다. 게다가 각종 인터넷 뉴스나 TV, 신문 등에서 그 사건을 거듭 접하다 보면 시기심과 원한을 여러 사람과 공유하고 있는 듯한 기분이 든다. 그러면 시기심과 원한을 품어도 괜찮다고 정당화해주는 뒷배가 생긴 셈이니 비난은 계속 거세지기만 한다. 물의를 일으킨 유명인들에 대한 인터넷 반응을 보면 사회적 정의감에 따른 반응과 본인의 시기심을 자극한 데 대한 반응이 뒤섞여 있는 경우가 많다. 과연 인터넷에서만 그럴까?

우리는 남의 불행을 이야기하면서 마음에 맺힌 것을 풀기도 한다. 우리는 누군가가 상처 받는 모습을 보고 동정만 하지는 않으며 오히려 괴로워하는 모습을 보고 즐거워서 어쩔 줄 모를 때가 있다. 동네사람들이 모여서 쑥덕거리거나 술자리에서 시끌벅적하게 주고받는 이야기 역시 십중팔구 좋은 이야기이기보다는 나쁜 이야기이게 마련이다. 어떤 탤런트가 이혼을 했다더라, 음주운전을 하다가 걸렸다더라, 약물을 소지했다가 체포되었다더라…. 인터넷에 실시간으로 떠오르는 뉴스들을 봐도 TV나 라디오, 신문 지면을 봐도 이런 기사가 질릴 만큼 반복되고 있는데 우리는 또 이런 이야기들을 소재로 즐겁게 대화를 이어나간다.

이는 비단 연예인이나 유명인만의 이야기가 아니다. 우리는 같은 회사나 학교, 같은 아파트 단지나 동네에서 잘나가던 사람, 선망의 대상이었던 사람의 불상사에도 달려들기를 좋아한다. 은근히 시기심을 자극하던 상대를 거리낌 없이 험담할 수 있는 기회이니 말이다. 여기에 정의감을 자극하는 소재라면 더할 나위 없이 즐거운 이야깃거리가 된다.

미국의 심리학자 토머스 A. 윌스Thomas A. Wills는 우리가 이처럼 타인의 불행을 기뻐하는 이유에 관해 다음과 같은 해석을 내놓았다. 우리는 항상 여유로운 마음으로 생활할 수는 없으며 언제나 문제와 걱정거리를 안고 산다. 그런데 사람은 자신과 똑같이 불행하거나 자신보다 더 불행한 사람과 자신을 비교하면 마음이 편해지고 힘이 난다는 것이다.

기억나지 않는가? 이것이야말로 바로 앞에서 언급했던 하향비교 그 자체다. 나보다 빨리 출세했던 동기가 실수를 하여

정의감은 복수심의
또다른 얼굴일지도 모릅니다

좌천되었다더라. 우리 아이는 떨어진 명문대에 합격했던 옆집 아이가 성적이 부진하여 힘들어 한다더라, 예쁜 외모 덕에 주위에 남자가 끊이지 않았던 동료가 파혼을 당했다더라. 이것이야말로 타인의 불행이 주는 꿀맛, 즉 샤덴프로이데를 제대로 맛보는 순간이다.

심지어 나는 안전하고 편안한 곳에 머무르고 있는데 누군가의 불행을 접한다면? 그것만으로도 지금까지 침체되었던 기분은 더없이 고양될 것이다. 그러므로 우리는 하향비교의 효과에 매혹되어 일제히 가십기사를 섭렵하고 지인의 불행에 관한 소문으로 이야기꽃을 피우는 것이다.

모두 함께 공격하면
미안하지 않다

지금은 전혀 모르는 사람들끼리도 간단히 정보를 공유할 수 있는 시대다. 인터넷과 페이스북이나 트위터 등 SNS 덕분이다. 그런데 이런 정보 공유는 우리가 같은 행동을 취하는 것, 즉 '동조'를 촉진하는 데에도 한몫을 한다.

이와 관련하여 미국의 심리학자 솔로몬 애쉬Solomon Asch가했던 동조실험은 무척 유명하다. 실험에서 피험자에게 어떤 선분의 길이를 판단하는 과제를 부여했다. 피험자는 일단 그 선분을 본 뒤 다른 세 개의 선분 중 처음에 본 선분과 같은 길이의 선분을 고르면 되었다. 누구나 정답을 맞힐 수 있을 것 같은 간단한 문제였는데도, 결론적으로 실험 참가자 중 한 번 이상 오답을 고른 사람이 무려 70퍼센트를 넘었다. 왜일까?

그 이유는 틀린 답을 먼저 고르는 바람잡이들 사이에 아무것도 모르는 피험자를 포함시켜 실험을 진행한 데에 있었다. 피험자들은 주변의 의견에 떠밀려 틀린 선택지를 맞다고 고를 수밖에 없었던 것이다.

이 실험은 1950년대에 실시되었지만 많은 시간이 흐른 지금도 크게 다르지 않다. 인터넷이나 SNS에서 부적절한 게시물이나 근거 없는 비방이 순식간에 공유되고 확산되는 현상을 그 예로 들 수 있다. 이제 대량 리트윗에 의한 마녀사냥 식의 신상털기는 일상다반사가 되었다.

물론 동조를 중시하는 문화 전부를 문제삼는 것은 아니다. 동조문화는 일치단결을 통해 집단의 성과를 최대화하는 등 좋은 측면도 많기 때문이다. 그렇다고는 해도 동조압력은 매우 심각한 사태를 초래할 수 있다.

분노가 인터넷 밖으로까지 번져 당사자의 근무처나 학교에

정의감은 복수심의
또다른 얼굴일지도 모릅니다

까지 전화 테러가 빗발칠 때가 있다. 이는 문제를 일으킨 사람의 소속 단체에 많은 사람들이 전화를 걸어 항의의 뜻을 전하거나 사실관계를 캐묻고, 때로는 그 대화를 공개하는 일을 말한다. 이런 사태가 문제를 더 크게 만들고 기업 등에 큰 손실을 끼쳐 소송으로 번지는 사례도 최근 적지 않다.

마녀사냥 식의 신상털기나 전화 테러는 공유된 정보에 관한 동조압력이 하나의 방향, 즉 '옳지 않아' 보이는 게시물 쪽으로 쏠리면서 일어나는 현상이다. 이를 압력으로 불러도 될지 모호하다는 생각도 들겠지만, 많은 사람이 리트윗을 했다는 사실만으로도 당사자와 그 게시물을 비판해도 괜찮다는 분위기가 충분히 형성된다.

집단따돌림 문제가 거론될 때마다 방관자도 가해자와 똑같은 범죄자라며 방관자를 자신만만하게 비판하는 전문가들이 있다. 집단따돌림의 피해자를 돕지 않는 일은 결과적으로 집단따돌림을 지지하는 것과 같다는 것이 그들의 주장이다. 하지만 집단따돌림 피해자를 돕는 일은 인간의 심리를 살펴볼 때 쉬운 일이 아니다. 교실에서 집단따돌림 사건이 일어났다. 피해자는 평소에 그다지 친하지 않은 학생이었다. 독자들은 어떤 생각이 드는가? 굳이 함께 '왕따'를 당할 위험을 짊어지면서까지 그 학생을 도와야겠다는 생각이 쉽게 들까?

집단따돌림 사건이 쉽게 해결되지 않는 이유 중 하나로 동조압력을 들 수 있다. 모두가 뻔히 알면서도 다 함께 못 본 체하는 상황이니 나 역시 굳이 움직일 필요가 없다는 생각이 드는 것이다. 더욱이 집단적으로 괴롭히므로 죄책감도 무뎌진다. 집단따돌림에 직접 참여하는 아이들도 마찬가지여서 다들 동조하고 있으니 나도 참여하지 않으면 곤란해질지 모른다고 판단하는 것이다.

그런데 동조압력에서 벗어나기가 쉽지 않다고 해도 사람들이 자신과는 관계도 없고 전혀 알지도 못하는 사람에게까지 이렇게 분노하는 이유는 무엇일까? 자신에게 아무런 해를 끼치지 않은 상대를 공격하는 일에 사람들은 왜 이렇게 집착하는 걸까?

그 요인으로 정의감과 익명성을 들 수 있다. 내가 옳고 상대가 틀렸다는 생각이 강해지면 우리는 그를 거리낌 없이 공격하게 된다. 게다가 익명성이 보장되는 상황이라면 그런 경향이 더욱 강해진다.

정의감은 복수심의
또다른 얼굴일지도 모릅니다

걔는 좀
당해도 싸

우리는 아이들에게 모두 사이좋게 지내야 한다고 말한다. 물론 모두 사이좋게 지내면 좋다. 건강한 인간관계를 유지할 수 있을 뿐 아니라 문제를 미연에 방지할 수 있고 하나의 일을 협력해 완수할 수 있다는 점을 생각하면 당연히 사이좋게 지내야 할 것이다. 그러나 사람에게는 아무래도 좋고 싫은 감정이 있다. 그리고 이 감정은 그리 간단히 통제할 수 있는 것이 아니다.

"어쩐지 그 애가 하는 말마다 짜증이 나요", "왠지 그 녀석의 행동은 죄다 신경에 거슬려요", "저도 모르게 그 사람이 실패하기를 바라고 있어요."

이렇게 생각하는 스스로를 책망해보지만, 살다보면 웬일인지 너무 싫은 사람도 만나는 법이다. 그러다 때로는 그들을 공격하는 행동을 취한다. 어떤 경우에는 가해자가 자신이 피해자에게 무슨 감정을 품고 있는지 확실히 모르는 채로 공격하기도 한다. 한 연구에 따르면 집단따돌림 행위의 가해자였던 청소년들에게 피해자를 괴롭힌 이유를 물었더니 많은 청소년들이 '그냥'이라고 대답했다고 한다.

그런데 사실 아이들이 집단따돌림을 하는 이유는 매우 다양하며, 문화에 따라서도 다르다. 심리학자인 가네쓰나 도모유키金綱知征는 이와 관련하여 일본과 영국의 초등학생을 비교조사한 결과 두 나라의 집단따돌림에는 큰 차이가 있다는 결론을 내렸다.

영국의 초등학생은 자신의 힘을 주변에 과시하기 위해 남을 괴롭히는 경향이 있는 반면 일본의 초등학생은 주변 사람을 짜증나게 만든다는 등의 이유로 상대를 괴롭힌다는 것이다. 가네쓰나는 영국의 집단따돌림을 '자기과시 형 집단따돌림'으로, 일본의 집단따돌림을 '집단유지 형 집단따돌림'으로 칭했다.

집단유지 형 집단따돌림의 경우 주변에 폐를 끼치는 사람에게 벌을 준다는 명분 아래 공격 대상이 규정된다. 즉 단순히 상대가 마음에 들지 않아서라기보다 무언가 벌을 주기 위해, 즉 제재의 한 형태로 집단따돌림을 하는 것이다. 이런 형태의 집단따돌림은 가해자가 자신의 행위를 그다지 심각하게 생각하지 않기 때문에 해결하기가 더욱 어렵다.

집단따돌림에 직접 참여하지는 않지만 다른 사람의 가해행위를 묵인하는 경우는 더욱 많다. 그들 중 많은 사람들이 집단따돌림을 징벌로 인식하고 그럴 만한 행동을 했으니 어쩔 수 없다며 집단따돌림 행위를 정당화한다. 그 때문인지 직접 가

정의감은 복수심의
또다른 얼굴일지도 모릅니다

담하지는 않더라도 속으로 가해자를 응원하며 고소하다, 꼴좋다고 후련해하는 사람이 적지 않다. 즉 피해자에게도 잘못이 있다는 인식이 집단따돌림 행위를 정당화하는 것이다.

한번은 1,400명의 초등학생을 대상으로 연구조사를 진행한 적이 있다. 나는 아이들에게 가상의 친구 한 명이 지저분하다거나 전에 다른 아이를 괴롭힌 적이 있다는 등의 이유로 친구들에게 괴롭힘을 받았다고 이야기해준 뒤에 이 이야기를 들을 때의 기분을 물었다. 그러자 응답자 중 절반은 동정 어린 반응을 보였지만 나머지 절반은 피해자를 동정하지 않거나 통쾌하다고 대답했다. 즉 제재의 목적이 명확한 집단따돌림이라면 목격자 역시 쉽게 정당화한다는 것이다.

가해자는 이처럼 집단따돌림을 정당화하는 자신의 심리를 자각하지 못할지도 모른다. 더욱이 직접 가담하지 않은 채 집단따돌림을 묵인하고 용인하는 사람이라면, 죄책감도 없고 책임도 없는 위치에서 속으로 통쾌해할 뿐이니 조치하기가 더 어렵다.

그러나 내가 그 입장에 서지 않는다고 누가 과연 단언할 수 있을까? TV의 권선징악 드라마나 남의 이야기에 희희낙락하는 사람들과 집단따돌림이라는 이름의 제재를 묵인하는 아이들이 어쩐지 비슷하다는 생각이 들지 않는가?

모두 함께 분노하면
모든 게 정당하다

〈필살 사업인〉에서부터 〈한자와 나오키〉에 이르기까지 권선
징악 드라마가 시대를 초월하여 인기를 끌고, 물의를 일으킨
사람이 신상털기를 당하는 것은 왜일까?

정의를 훼손한 사람은 상응한 제재를 받는 것이 당연하다고
생각하는 사람이 많기 때문이다. 어떤 경우 본인은 전혀 손해
를 입지 않았고 상처를 받은 것도 아니며 심지어 상대방과는
전혀 모르는 사이다. 그런데도 사람들은 분노에 떨며 전화를
걸어대거나 핏대를 세우며 항의를 한다.

이런 사람들은 심지어 자신이 전혀 모르는 사람을 골라 그
신상을 노출시킬 때도 많다. 정보가 충분하지 않더라도 리트
윗은 아무런 거리낌 없이 이루어진다. 이들은 부정을 저지른
사람은 당연히 항의나 제재를 받아야 한다는 생각으로 당사자
를 몰아붙인다. 어쩌면 스스로 악을 응징한다는 쾌감을 만끽
하고 있는지도 모른다.

우리는 원래 불공정한 상황에 대해 크든 작든 분노를 느낀
다. 그리고 분노에는 상대의 행위가 불공정하다는 판단이 선행
한다. 이때 불공정 여부를 판단하는 기준으로는 자신의 정의에

정의감은 복수심의
또다른 얼굴일지도 모릅니다

반하는 주관적 기준과 사회통념적 정의에 반하는 객관적 기준이 있다.

객관적 불공정은 법률을 위반했거나 확실한 증거가 있는 객관적 기준에 따른 불공정을 말한다. 이런 객관적 불공정에 대한 분노를 '의분'이라고도 한다. 의분은 트위터 등에서 많은 사람의 동의를 얻어 순식간에 확산되기 쉬운 특징이 있다.

그러나 객관적 불공정이 아닌 개인적인 원한이라도 몇몇 공감요소만 갖춰지면 주위 사람들의 의분을 부추겨 상대에 대한 반격을 유발할 수 있다. 주관적 기준에 따른 주관적 불공정에 대한 분노도 마찬가지다. 나만이 아니라 모두가 불공정함을 인정하고 분노한다는 사실을 알게 되면 개인적인 분노라도 다수의 지지 아래 명확히 표출할 수 있다.

시기심은 이런 주관적 불공정에 의해 생겨나는 분노를 부르는 또 다른 이름이기도 하다. 극히 개인적인 시기심이라도 많은 사람과 공유하면 정당화될 수 있다. 대다수가 자신과 마찬가지로 상대(또는 회사 등의 조직)가 정의를 훼손했다고 느낀다는 사실을 알면, 마치 사회의 승인을 받은 양 적극적으로 나서서 시기심을 공격으로 연결시킬 수 있는 것이다.

사람들끼리 모여 수군대거나 술집에 모여 상사나 동료의 험담을 안주거리로 삼는 것도 같은 이유에서다. 나만의 부정적인 감정을 남과 공유하여 정당화시키려는 것이다. 그래서 사람들은 본인의 생활과는 직접 관계가 없는데도 연예인을 맹목적으로 비난하고 SNS 게시물에 집착한다.

그렇게 모두가 정의를 훼손했거나 또는 그렇다고 여겨지는 사람을 규탄하고 원한을 품으면, 너도나도 무서울 것이 없다는 듯 정의의 사도를 자처하는 것이다.

정의가 정의를
훼손하는 현상

앞에서 정의감이 낳은 분노에 대해 이야기했다. 객관적 불공정에 대한 분노든 주관적 불공정에 대한 분노든 사회 전체에 긍정적인 영향을 미치기도 한다. 하지만 정의감이 언제나 정의로운 것은 아니다. 이제 우리가 정의감으로 타인을 얼마만큼 잔혹하게 괴롭힐 수 있는지에 대해 이야기해보자.

시기심과 분노와 원한이 부정적인 행동을 유발하기 쉽다는 주장에는 누구나 동의하겠지만, 우리는 감정만으로 움직이지 않는다. 이성적인 사고로 행동으로 옮길지 여부를 결정하기도 한다. 예를 들어 우리는 아무리 서둘러도 회사에 지각할 것 같

정의감은 복수심의
또다른 얼굴일지도 모릅니다

다면 포기하고 천천히 움직이지만, 지각을 피할 가능성이 있
다면 전력질주를 한다. 될 것 같으면 행동하고 안 될 것 같으
면 행동하지 않는 것이다. 이와 같이 우리의 행동을 결정하는
인지를 '자기효능' 혹은 '자기효능감'이라고 한다. 바꿔 말하
면 자신이 움직이면 무언가 할 수 있을 듯한 감각을 말한다.

　자기효능감은 캐나다의 심리학자 앨버트 밴두러Albert Bandura
가 고안한 개념이다. 그는 원래 아동이 공격행동을 어떻게
모방하는가에 대해서 연구했다. 그리고 사람에게 잔혹한 행
위를 하게 만드는 선행요인에 초점을 맞춘 도덕적 이탈moral
disengagement 모델을 제창했다. 이 모델에서는 잔혹한 행위에
선행하는 요인으로 여러 가지 인지를 상정한다.

　예를 들어 한 기업의 광고 모델로 활발하게 활동하고 있는
한 유명인이 사회적으로 용납할 수 없는 일을 벌였다는 소식
이 언론에 보도되었고, 이 뉴스를 접한 많은 사람들이 의분에
사로잡혀 그 유명인의 광고주에 항의전화를 걸고 홈페이지 게
시판에 폭발적으로 항의글을 올렸다. 언론과 사람들은 이 사
건을 매우 비도덕적인 사건이라 규정지었고, 자신의 행위는
공격이나 대리보복이 아니라 어디까지나 상대를 바로잡기 위
한 처벌 또는 징계라고 믿어 의심치 않으며 매우 격렬하게 항
의를 표했다.

그런데 그런 항의전화를 거는 사람이 한 사람이 아니라 수백, 수천 명이라면? 당연히 전화를 받는 측의 업무에 큰 지장이 생길 것이다. 또 홈페이지에 많은 사람들이 한꺼번에 접속하면 서버는 그 부하를 이기지 못하고 다운돼버리고 말 것이다.

사실 그렇게 전화를 걸어 항의하고 홈페이지 게시판에 비난 글을 남긴다고 사태가 개선되는 것도 아니고, 기업으로서는 그 유명인의 평소 이미지를 보고 그를 모델로 선택한 것이므로 그의 도덕성까지 책임질 일은 아니다. 오히려 광고 모델과 함께 그 기업의 이미지도 덩달아 실추될 수 있어 또다른 피해자이기도 하다. 또 좀더 나아간다면, 사람들은 사건의 정보도 언론사의 보도를 통해 접했을 뿐이라서 과연 그 유명인이 정말로 비도덕적인 일을 했는지 그 진위조차 분명치 않을 수도 있다. 어쩌면 그들이 인터넷에 떠도는 정보나 보도를 제멋대로 해석하는 바람에 오히려 많은 사람에게 피해를 준 것이라고 생각해볼 수 있지는 않을까?

의분을 가장한 이런 폭력적인 행동은 도덕적 이탈의 요인 중 하나인 '도덕적 정당화'로 설명할 수 있다. 전화 테러, 게시판 테러라는 자신의 행위가 공격적이라는 것은 알지만, 상대의 잘못을 바로잡는다는 올바른 목적이 잘못된 수단을 덮을 만큼 강하다고 생각되므로 거리낌 없이 실행에 옮기는 것이

정의감은 복수심의
또다른 얼굴일지도 모릅니다

다. 이것이 도덕적 정당화다.

전화로 항의한 정도를 가지고 무슨 호들갑이냐고 하는 사람도 있을 것이다. 격분하여 건물을 폭파하겠다고 협박하거나 직접 찾아가 폭력을 행사하는 것보다는 낫다고 말이다. 이런 생각도 도덕적 이탈에 관여한다. 이런 생각을 '유리한 비교'라 부르는데, 자신의 행동을 다른 사람의 행동과 비교하여 잔혹하지 않다고 과소평가하며 서슴없이 타인을 상처 입히는 것을 말한다.

남에게 상처를 주는 데에 악의만 필요한 것은 아니다. 오히려 선의로 시작한 행위의 결과를 과소평가하고 오해한 탓에 타인을 더욱 깊이 해칠 수도 있는 것이다. 자신의 정의를 고집하다 보면 자신도 모르는 새 집단따돌림에 깊이 관여하고 있을지도 모르는 일이다.

집단따돌림 가해자의 신상정보를 수집하여 인터넷에 공개함으로써 공격의 대상으로 삼는 것도 가해자는 혹독한 꼴을 당해봐야 한다는 의분에 사로잡힌 행동이다. 이렇듯 나쁜 짓을 했으니 어떤 제재를 받아도 괜찮다며 공격하는 것 역시 집단따돌림은 아닐까? 그러므로 우리는 자기자신의 정의에 너무 얽매이지 말아야 한다. 우리가 정의라 여기는 것은 상황과 처지에 따라 그 양상이 크게 달라지기 때문이다.

이와아키 히토시岩明均의 《기생수》라는 만화에는 자아를 지닌 채 주인공의 오른손에 기생하는 생물이 등장한다. 주인공으로부터 미기*라고 불리는 이 생물은 주인공에게 다음과 같이 말한다.

"결국 그런 거였군. 서로에 대한 이해는 대개 점에 불과해. 같은 구조의 뇌를 지닌 인간들끼리도 말이야. 영혼끼리 교류할 수 있다면 각자의 상상을 초월하는 세계가 보이고 들릴 텐데."

미기가 이 장면에서 정의에 대해 이야기한 것은 아니다. 그러나 그의 말대로, 우리의 서로에 대한 이해란 생각만큼 넓거나 깊지 않을지도 모른다. 그 단적인 예가 이번 장의 테마인 정의다. 서로에 대해 점 정도밖에 모르는데도 극히 모호한 정의에 기초하여 서로 원한을 품고 시기한다. 이것이 인간이라는 생물이다.

이런 감정은 때로는 자신의 자존심을 유지하는 데 도움이 된다. 그렇기 때문에 우리는 누군가에게 들러붙어서 살아가는 수밖에 없다. 자신이 집착하는 정의를 이해하고 괴로운 마음을 받아주는, 사랑스러운 타인의 존재를 찾아 헤매는 것이다.

* 일본어로 오른쪽이라는 뜻이다.

정의감은 복수심의
또다른 얼굴일지도 모릅니다

정의감이 마약 같다는 생각,
해보셨나요?

나만 당하지
않아!

'도덕적' 공격이 주는
쾌감

수리사회학을 연구하는 데이쿄帝京대학교의 오우라 히로쿠니大浦宏邦는 자신의 저서 《인간 행동에 잠재된 딜레마 — 제멋대로 행동할 수밖에 없다 人間行動に潜むジレンマ—自分勝手はやめられない?》에서 정의를 실현할 때 느끼는 쾌감 중 권위주의적 쾌감에 대해 이렇게 설명했다.

> 권위주의적 공격성을 지닌 사람은 사소한 규칙 위반이나 실수에도 과도하게 반응하여 벌을 내리려는 경향이 있다. (중략) 제멋대로 행동한 사람에게 벌을 주면 뇌 속의 쾌감물질인 도

정의감이 마약 같다는 생각,
해보셨나요?

파민이 분비된다는 보고도 있다. 비용이 따르는 생션sanction 행동을 촉진하기 위해 진화과정에서 이런 장치가 구비된 것으로 보이는데, 그리고 보면 도파민 분비를 위해 지나친 도덕적 공격을 가하는 사람이 등장하는 것도 이상하지 않다.

생션이란 '사람이 사람에게 가하는 제재행동'이라고 생각하면 된다. 오우라 히로쿠니는 이 책에서 도덕적 공격, 즉 정의를 가장한 공격행동이 왜 존재하는지, 그리고 그것이 왜 위험한지를 수리사회학자의 관점에서 상세히 다루고 있다.

인간은 집단생활을 통해 생존확률을 높이고 이득을 취하며 번성한 종이다. 따라서 뇌에 협력행동을 촉진하는 장치가 구비되어 있을 거란 사실을 쉽게 추측할 수 있다. 우리는 공감의 영역인 안와전두피질과 양심의 영역인 내측전두전야가 그 기능을 담당하는 것으로 보고 있다.

그러나 협조적 행동을 촉진하는 전략만으로는 비협조적인 무임승차자*의 이기적인 행동을 막을 수 없으므로 협조체제를 유지하는 것이 쉽지 않다. 따라서 무임승차자와 무임승차를 꾀하는 개체에 생션, 즉 제재를 가할 필요가 있는 것이다.

---

* 편익을 누리면서도 비용은 지불하지 않으려는 개체를 뜻하는 사회학 용어다.

제재가 충분한 효과를 발휘한다면 집단의 협조체제가 원활해져서 기본적으로 전체의 이익도 커질 것이다. 다만 제재를 가하는 데에 약간의 비용은 지불해야 한다. 제재를 당한 사람이 반발하거나 보복할 위험이 있는 등 그 비용은 다양한 형태로 나타날 수 있다. 한편 무임승차자를 미리 판별하는 기능을 '배신자 검출장치'라고도 한다.

뇌의 신경전달물질 중 세로토닌이라는 물질이 있다. 세로토닌은 안정감, 행복감 등을 주기 때문에 안심 호르몬이라고도 불리며, 세로토닌의 부족은 우울증과도 밀접한 관련이 있다. 그런데 일본인 중에는 세계 평균과 비교해 세로토닌을 재활용하는 기능이 떨어지는 사람이 많다고 한다. 따라서 세로토닌 부족에 빠질 위험이 높고, 세로토닌 부족에 따른 불안감도 쉽게 느낀다. 일본 사회에서는 풍파를 일으키거나 튀지 않고 주변 사람들과 잘 조화되어야만 이 사람은 언젠가 문제를 일으킬지도 모르는 위험분자라는 의심의 눈초리를 피할 수 있다. 만약 튀거나 조화되지 못하면 쉽사리 제재의 표적이 되고 만다. 이것이 일본의 학교나 직장에서 많이 발생하는 집단따돌림의 뇌과학적인 배경이다.

무임승차자를 제재하다 보면 제재행동이 지나치게 앞서 나가는 일이 종종 생긴다. 다른 사람과 외모나 행동이 조금 다르다는 이유만으로 '공동활동에 협조하지 않는다', '분위기를 파악하지 못한다'면서 쉽사리 제재가 발동된다. 그런데 이처럼 이질적인 개체를 어려운 상황에 몰아넣을 때 사람의 뇌에서는 도파민이 방출되므로 집단 모두가 기쁨을 공유하게 된다. 도파민은 쾌락과 행복감에 관련된 감정을 느끼게 해주는 신경전달 물질이다. 그래서 아주 작은 차이만 발견돼도 이 제재가 가동되기 쉽다. 이를 '오버 생션over sanction'이라고 한다. 오우라 히로쿠니는 오버 생션을 다음과 같이 설명한다.

> 생션의 본래 목적은 개인주의적 행동을 억제하여 전체의 이익을 늘리는 것이다. (중략) 타인에게 큰 피해를 끼치는 '나쁜 개인주의 행동'은 전체의 이익을 감소시키지만 그다지 피해가 없는 '좋은 개인주의 행동'은 오히려 전체의 이익을 늘린다. 따라서 생션의 대상을 타인에게 큰 피해를 끼치는 나쁜 개인주의 행동에 한정하지 않으면 오히려 전체의 이익을 해치는 결과를 가져온다.
> 권위주의적 제재는 자신의 이익과 만족을 위해 공격을 가하는 이기적 생션이므로 전체의 이익을 늘릴 수 없고, 사소한 '어긋남'에도 과해지기 쉽다. 이런 생션을 오버 생션이라 하며 그 대표적 경우인 권위주의적 제재는 전체의 이익을 감소

시킨다.

어긋난 사람 또는 어긋날 듯한 사람을 공격할 때 쾌감을 느끼고 타인의 불행을 기뻐하는 것은 생물학적으로 지극히 정상적인 반응이다. 그러나 이 장치가 제대로 조절되지 않아 누구든 쉽사리 오버 생션의 대상이 될 수 있다면 집단 전체가 위험해진다.

처벌감정은
희생양을 찾는다

재해나 사고, 전쟁 등으로 많은 사람이 다치거나 죽었을 때 사람들은 명확한 원인을 찾으려고 애쓴다. 나중에 같은 사태가 일어나더라도 피해를 최소화하고, 더 나아가 그 사태를 피하려는 것이다. 그래서 사람은 책임이 어디에 있는지 모르는 상태를 매우 싫어하며 이런 상태에 처하면 스트레스를 받도록 되어 있다.

물론 현실적으로는 재해나 사고의 원인을 명확히 규명하기 어렵고 불가항력적인 상황도 많다. 그래도 사람들은 '총리라

정의감이 마약 같다는 생각,
해보셨나요?

는 사람이 그때 골프를 치고 있었다니 정말 무책임하군', '재해 자체는 천재지변이라도 피해가 커진 것은 ○○ 때문이 아니야?'라는 식으로 책임 소재나 이유가 불분명한 데 대한 심리적 스트레스를 어떻게든 해소하기 위해 특정 인물과 조직에 책임을 돌리고 공격하기 시작한다. 이를 '희생양 현상'이라 한다. 이때 대상이 된 인물이나 조직은 대중으로부터 부조리한 공격을 받게 된다. 관동대지진 때 조선인이 우물에 독을 집어넣었다는 헛소문이 퍼져 조선인들이 큰 피해를 입은 것도 그 전형적인 사례다.

일본의 기업에서는 문제가 생길 때마다 최고경영자가 책임을 지고 사임한다는 해결방식이 거의 상식처럼 되어 있다. 그런데 독자 중에도 이런 방식이 통한다는 사실이 이상하다고 생각하는 사람이 있을 것이다. 합리적인 해결법과는 거리가 멀어 보이는 이런 방식이 어쩌다 표준이 되었을까? 이 역시 희생양 현상 때문이다.

사람은 누군가에게 책임을 돌려서 일단은 자신의 잘못과 죄책감을 줄이려고 한다. 이렇게 만들어진 희생양에게 개인 또는 집단은 맹렬하게 공격을 퍼붓는데, 가혹한 공격이 비정상적으로 집중되는 경향을 보이기도 한다. 이때는 공격의 대상이 정확한지, 이런 공격을 가하는 것이 정당한지 제대로 검토

되지도 않은 상태에서 맹공격이 벌어진다. 이렇듯 희생양을 공격함으로써 개인 또는 집단은 분노를 누그러트릴 수 있고, 분열되었던 집단은 통합의 과정을 거칠 수 있다.

기업의 최고경영자가 책임을 지고 사임하는 형태로 집단의 공격성을 완화하고 안정감을 제공하는 방법은 사람의 이런 심리를 이용하는 것이다. 하지만 최고경영자가 물러나버림으로써 본질적인 문제에 대한 조치가 흐지부지해지거나 정작 서둘러 해결해야 할 과제가 우선순위에서 뒤로 밀리는 것은 아닐까? 따라서 희생양을 요구하는 사회적 압력을 무시할 수만 있다면 기존의 경영자가 책임을 지고 문제를 해결하는 것이 가장 합리적인 선택일 것이다. 그러려면 대중이 합리적으로 사고할 수 있을 정도로 성숙해야 한다.

이런 현상에 '희생양'이라는 이름을 붙인 사람은 독일 마르부르크대학교의 사회심리학자 마리오 골비처Mario Gollwitzer다. 구약성서의 레위기에는 '아론은 그의 두 손으로 살아 있는 염소의 머리에 안수하여 이스라엘 자손의 모든 불의와 그 범한 모든 죄를 아뢰고 그 죄를 염소의 머리에 두어 미리 정한 사람에게 맡겨 광야로 보낼지니'라는 구절이 나온다. 고대 이스라엘 민족은 실제로 속죄일마다 이 의식을 거행했다. 여기에는 양 두 마리가 필요했는데, 그중 한 마리는 신에게 바치는 산

정의감이 마약 같다는 생각,
해보셨나요?

제물이 되었고 또 한 마리는 사람들의 죄를 짊어지고 광야로 쫓겨나는 역할을 맡았다.

사실 이 양들이 짊어진 것은 죄 자체가 아니라 사람들의 처벌감정, 그리고 그들 내면의 죄의식이었을 것이다.

정의이지만
욕망일지도

방어기제라는 말을 들어본 적이 있을 것이다. 이는 의식의 표면으로 떠오르면 불안해지는 감정, 부끄러운 기억, 불쾌한 생각 등을 완화하거나 회피하고 심리적인 안정을 유지하기 위해 순간적으로 일어나는 심리반응을 말한다. 방어기제는 대개 무의식적으로 일어나는데, 원래는 병적인 것이 아니고 누구에게나 존재하는 정상적인 심리반응이다. 그러나 상습적으로 발생하면 병적인 부적응 증상으로 발전할 수 있다.

방어기제에는 몇 종류가 있다. 그중에서도 '투영'이라는 작용이 희생양 현상을 유발하는 것으로 여겨진다. 투영이란 인정하면 불안해질 듯한 자신의 감정, 받아들이기 어려울 만큼 불쾌하고 수치스러운 감정을 내가 아닌 타인의 감정으로 인지하여 불안감을 완화하려는 작용을 말한다. 상징적이기는 하지만 희생양이 그런 불쾌하고 불안한 감정을 불러온 죄를 대신 짊어지고 광야로 쫓겨나 죄책감과 함께 사라져주는 것이다.

사람의 힘으로는 어쩔 수 없는 재해나 사고가 잦았던 고대에는 이런 속죄의식이 사회를 안정시키는 데에 큰 효과를 발휘했을 것이다. 투영을 좀더 구체적으로 설명해보겠다.

좋아하는 사람이 있다고 가정해보자. 심지어 사회적으로나 윤리적으로나 허락되지 않는 상대라면 더 효과적인 예가 될 것이다. 당신은 그 사람에게 강한 성적 매력을 느끼며, 가능하면 사귀고 싶은 마음도 있다. 그러나 자존심도 상하고 수치스러워서 그 마음을 스스로 인정하기는 어렵다. 이때 방어기제인 투영이 작용한다. 뇌가 제멋대로 내가 상대에게 욕정을 느끼는 것이 아니라 상대가 나에게 욕정을 느끼고 있다고 인지를 바꾸어버리는 것이다. 그래서 진심으로 상대에게 유혹당하고 있다고 믿게 되는 경우도 있다. 이런 일이 흔하지는 않지만 만약 상대가 전혀 그런 마음이 없다면 상당히 곤혹스러울 상황이 벌어진다.

일본의 고대 말엽 헤이안시대의 사람들은 이성이 꿈에 나오면 그 사람이 나를 좋아하는 증거라고 생각했다. 당시 사랑의 교섭은 해석의 여지가 넓은, 노래라는 수단을 통해 이루어

정의감이 마약 같다는 생각,
해보셨나요?

졌다. 그처럼 모호한 수단을 쓴 덕분에 사랑의 달콤함 속에 방어기제가 교묘하게 편입될 수 있었고, 은유적인 가사를 동원하는 지적인 유희까지 넘쳐나서 연애가 무척 재미있었을 듯하다. 현대의 관점으로 생각하면 내가 그 사람을 좋아해서 꿈을 꾼 것이겠지만, 상대는 관심이 없는데 나만 그렇게 믿고 있는 무척 부끄러운 상황을 시적으로 아름답게 포장할 수 있었다는 점에서 옛날의 연애방식이 왠지 멋있어 보인다. 그에 비해 21세기의 연애는 어쩐지 야만적이다. 특히 결혼을 고려한 연애는 극도로 합리적이어서, 연인들은 경제활동을 중심으로 관계를 구축한다. 그러고 보면 연애가 곤충의 포식행동 못지않게 단순해진 셈이니, 젊은이들이 연애에 큰 매력을 느끼지 못하고 심지어 연애를 두려워하게 된 것도 무리는 아니다.

여기서 말하는 불쾌한 감정, 즉 자각하고 싶지 않고 숨겨두고 싶은 감정에는 이 책에서 내내 설명하고 있는 시기심, 질투심, 샤덴프로이데도 해당한다. 우리는 내가 지금 누군가를 시기하고 있다, 나를 불쾌하게 했던 그 사람이 불행해져 좋아 죽겠다 같은 마음을 드러낼 수도 없고, 인정하고 싶지도 않다. 그런데 꾹꾹 눌러오던 이런 감정이 어느 순간 엉뚱하게 터져나오기도 한다. 대중이 유명인을 집요하게 공격하는 현상은 희생양 현상을 유발하는 투영의 또 다른 예라고 할 수 있다.

2014년 말, 유명 방송인이자 많은 재산을 남긴 야시키 다카진, 그가 죽기 직전에 그와 결혼한 사쿠라 부인, 그리고 그들의 이야기를 소설로 써낸 햐쿠타 나오키가 큰 화제를 모았다.* 이 책에 대한 비난이 자자했는데, 인터넷 서점의 독자평 코너에는 특이할 정도로 하루에도 수십 건의 혹평이 올라왔다. 사쿠라 부인과 햐쿠타 때문에 무슨 피해를 입은 것도 아니고, 그 두 사람을 욕하는 평을 쓴다고 해서 자신에게 무슨 이익이 생기는 것도 아니고, 오히려 시간만 더 쓰게 되어 손해를 초래하는 비합리적인 행동이었음에도 이 비난 행렬에 적지 않은 사람이 참여했다.

우선 나는 야시키 부부 둘의 관계나 책 내용의 진위 여부에 대해서는 관심이 없다. 관심을 갖고 살펴보고 싶은 것은 그들에게 반응하는 사람들의 모습, 그 진짜 마음의 풍경이다.

그럼 이 현상의 배경을 생각해보자. 사람들은 사쿠라 부인의 모습, 혹은 햐쿠타의 모습을 보고 불쾌한 감정을 느꼈다. 여기에는 의심의 여지가 없다. 그런데 사람들은 그 불쾌한 감

---

* 오사카 등 간사이 지방을 중심으로 활동하면서 '예능의 신', '시청률의 남자'라고 불리던 예능인으로 2014년 1월 식도암으로 사망했다. 2014년 11월 발간된 《순애殉愛》는 야시키 다카진과 사쿠라 부인과의 만남에서 헤어짐까지를 그린 책인데, 발간 직후 사쿠라 부인의 과서 경력이 거짓이다, 야시키에게 접근한 의도가 불순하다, 내용이 사실과 다르다 등 사회적으로 엄청난 비난에 시달렸다.

정의감이 마약 같다는 생각,
해보셨나요?

정의 정체를 냉정히 분석하는 과정은 거치지 않았다. 사실 자신의 불쾌한 감정을 인정하는 것은 원래 어려운 일이다. 그 과정에는 큰 스트레스가 따르므로 우리 뇌는 제멋대로 인지를 바꾸어 그 감정을 의식 밑으로 숨기려 한다고 앞서 설명했다. 바로 투영이다.

투영의 이런 작용 때문에 그 불쾌한 또는 부끄러운 감정은 누군가가 대신 짊어지게 되는데 그 '누군가'가 바로 불쾌한 감정을 직접적으로 유발한 상대, 여기서는 사쿠라 부인과 햐쿠타 나오키가 된 셈이다.

그렇다면 사람들은 왜 이들을 보고 불쾌함을 느낀 걸까? 그 감정의 정체는 무엇일까?

사쿠라 부인의 얼굴을 보면 이목구비는 조화를 이루고 있으며 전체적인 인상은 차분하고 얌전해 보인다. 어쩌면 절세미인이 아니어서 남성의 입장에서는 너무 멀리 있어 범접할 수 없는 아우라를 지닌 사람이 아니라 왠지 손에 닿을 듯한 사람으로 보인다는 것이 정확한 표현일 듯하다. 아마 여성들에게도 마찬가지였을 것이다.

그런데 이 점이 불쾌한 감정을 유발한 것은 아닐까? 사쿠라 부인이 만약 자신은 넘보지 못할 수준의 슈퍼모델이었거나 잘나가는 탤런트나 영화배우처럼 대단한 미인이었다면 이런 감정이 조금은 약해지지 않았을까? 아마 사쿠라 부인을 보고는 '예쁘지도 않은 게 무슨 수를 써서 꼬신 거야?' 같은 생각을 한 사람이 적지 않을 것이다.

손이 닿을 듯한 감정이란 곧 높은 획득 가능성을 의미한다. 그리고 앞서 말했다시피 높은 획득 가능성은 시기심과 샤덴프로이데를 강화한다.

특별할 것 없어 보이는 사쿠라 부인은 야시키 다카진이라는 유명인의 부인으로서의 지위와 고액의 유산 또는 그 유산을 얻을 가능성을 얻었고, 그녀를 비난하는 사람들은 그것을 얻지 못했다. 요컨대 많은 사람이 그녀에게서 느낀 불쾌감이 '나라도 야시키 다카진의 신뢰를 얻어서 많은 유산을 받을 수 있었겠네. 뭐 이렇게 엉큼한 여자가 다 있어? 정말 못된 여자네'라는 생각에서 나왔다면 과도한 해석일까?

사쿠라 부인을 비난하는 사람들은 시기심으로 인한 불쾌감을 느낄 뿐 아니라 사회통념적 관점에서도 불쾌감을 느낀다. 유명인의 아내 또는 측근이 되거나 많은 돈을 물려받는 것은 사람들의 부러움을 사는 일이다. 그런데 대부분의 사람들은 기쁨과 동시에 부끄러움이나 떳떳하지 못한 감정도 느낀다. 여기에는 교육 탓도 있다. 우리는 지위나 돈에 대한 욕망을 부끄럽게 여기도록 배우며 자랐기 때문이다. 그래서 우리 뇌에

정의감이 마약 같다는 생각,
해보셨나요?

는 그 지위를 얻고 싶다, 그 돈을 갖고 싶다는 생각 자체를 즉각 부끄럽게 인지하는 회로가 만들어져 있다. 그 때문에 뇌가 투영작용을 통해 인지를 제멋대로 바꿔서 '그 지위를 원하는 것은 내가 아니라 저 사람이다', '내가 아닌 저 사람이야말로 돈을 원했다'라고 생각하게 만드는 것이다.

책을 쓴 햐쿠타 나오키에 대한 감정도 마찬가지다. 햐쿠타는 돈을 벌려고 소설을 썼다고 강하게 믿는 사람일수록 돈에 대한 욕망이 강하다고 생각해볼 수 있지는 않을까?

그런데 이는 시기심의 재미있는 기능 중 하나이기도 하다. 즉 시기하는 대상을 보면 본인의 욕구를 꿰뚫어 볼 수 있는 것이다. 그래서 사람들이 시기심을 숨기려 애쓰는지도 모른다.

유명인과 친해지고 그 사람의 신뢰를 얻고 싶다, 많은 돈을 갖고 싶다는 생각은 인간이 가질 수 있는 극히 자연스러운 욕망이다. 따라서 남에게 피해를 주지 않는 한 특별히 부정할 필요는 없다. 오히려 욕망은 살아가는 데에 꼭 필요한 감정이자 능력이다.

흉기로 돌변하는
정의감

"아니, 그렇지 않아. 내가 품은 감정은 시기심 따위가 아니라 사회적 정의감이라고!"

이렇게 말하는 사람도 있을 것이다. 물론 인정한다. 그 감정은 분명 죽기 직전의 유명인에게 접근하여 아내의 자리를 감쪽같이 꿰찬 여성과 그것을 매물 삼아 돈벌이를 한 작가에게 제재를 가하고 싶다는 욕구, 즉 사회적 정의감일 것이다.

하지만 나는 이런 정의감이 어쩌면 더 무서운 게 아닐까 생각한다. 그리고 오히려 돈에 대한 욕망을 인정하고 솔직하게 행동하는 사람이 사회정의를 내세우며 타인에게 제재를 가하는 사람보다 믿을 만하다고 생각한다.

스탠퍼드 감옥 실험을 아는 사람이 많을 것이다. 영화 〈엑스페리먼트The Experiment〉의 소재가 된 유명한 실험이다. 이 실험은 아무리 선량한 사람이라도 특정한 환경에서는 잔학하게 행동할 수 있다는 사실을 증명한 밀그램 실험의 변형이다.

먼저 밀그램 실험부터 알아보자. 이는 1960년대 예일대학교의 심리학자 스탠리 밀그램Stanley Milgram에 의해 실시된 실험으로 '아이히만 실험' 또는 '권위에 대한 복종 실험'이라고

정의감이 마약 같다는 생각,
해보셨나요?

도 불린다. 유대인이었던 밀그램은 심리학자로서 또 유대인으로서 유대인 대학살 같은 비극이 일어난 원인을 규명해야 한다는 생각으로 이 실험을 설계했다고 한다.

먼저 그는 '학습에 대한 체벌의 효과를 측정하는 실험'이라는 제목으로 실험 참가자를 모집했다. 그리고 그들에게 학생을 체벌하는 교사의 역할을 맡겼다. 실험이 시작되기 전에는 교사 역할자들에게 학생이 받을 체벌인 45볼트의 전기충격을 미리 체험시키기도 했다.

실험이 시작되자 교사 역할자들은 학생과 인터폰으로만 소통할 수 있는 독립된 방으로 안내되었다. 그들은 그곳에서 학생에게 간단한 과제를 낸 뒤 학생이 틀릴 때마다 전기충격 버튼을 누르기로 했다. 전기충격의 전압은 처음에는 45볼트로 설정되어 있지만 학생이 문제를 틀릴 때마다 교사가 15볼트씩 올리도록 되어 있었다. 그리고 전기충격 장치의 200볼트 눈금에는 '매우 강함', 375볼트 눈금에는 '위험'이라는 경고가 표시되어 있었다. 그런데 사실 이 실험에서 학생 역할자는 존재하지 않았다. 다만 전압의 강도별로 녹음된 학생의 비명소리가 인터폰으로 흘러나오게 되어 있었다.

밀그램은 학생의 비명이 격렬해지면 일부 참가자들이 실험의 중단을 요구할 거라고 생각했다. 그럴 경우 주최 측 남성이 흰 가운을 입고 나타나 권위 있는 목소리로 다음과 같이 냉정하게 말하기로 했다.

① 계속하십시오.
② 이 실험은 당신이 계속해야 합니다.
③ 반드시 당신이 계속해야만 합니다.
④ 망설이지 마십시오. 당신이 계속해야 합니다.

이처럼 실험의 지속을 촉구하는 말을 네 번이나 듣고도 참가자가 여전히 실험 중단을 요구하면 실험을 중단하기로 했다. 반면 그러지 않는 경우 최대치인 450볼트의 전기충격을 3회 반복할 때까지 실험을 지속하게 했다.

밀그램은 당초에 이 실험에서 450볼트까지 전압을 올리는 참가자는 매우 소수(평균 1.2퍼센트)일 것이라고 예상했다. 그러나 실제로는 참가자의 60퍼센트 이상(40명 중 25명)이 전압을 최대치까지 올렸다. 그중 몇몇은 실험 중단을 요구하기는 했지만 흰 가운 입은 남성의 말을 듣고서 실험을 지속했다. 심지어 전압이 300볼트 이하일 때 실험을 중단한 사람은 아무도 없었다.

요컨대 극히 정상적인 공감력을 지닌 사람의 과반수가 권위

정의감이 마약 같다는 생각,
해보셨나요?

와 그 권위가 부여한 정당성에 기초하여 남을 공격하는 행동을 취한 것이다.

'정의의 구현자'가 되었을 때 사람이 얼마나 무서워지는지를 밝혀낸 스탠퍼드 감옥 실험의 결과는 이보다 더 충격적이다. 이 실험은 심리학자 필립 짐바르도Philip Zimbardo가 모의로 꾸며진 감옥을 무대로 하여 실시한, 죄수와 간수의 롤플레잉 실험이다. 이 감옥 실험은 아주 평범한 사람이 어떤 직함이나 지위를 얻으면 마치 인격이 바뀐 듯이 그 역할에 맞는 행동을 하게 된다는 사실을 증명하기 위해 실시되었다.

감옥은 스탠퍼드대학교의 지하 실험실을 개조하여 만들었고 실험기간은 2주로 설정했다. 주최 측은 신문광고 등을 통해 지원한 70명의 대학생 중 21명을 선발했고, 그중 11명을 간수 그룹, 10명을 죄수 그룹으로 구분했다. 그리고 실험실은 설비를 갖추어 실제 감옥처럼 연출했다. 실험결과 시간이 지날수록 간수는 진짜 간수처럼, 죄수는 진짜 죄수처럼 행동하는 것을 알 수 있었다.

짐바르도는 더욱 실감나는 실험으로 만들기 위해 순찰차를 동원하여 죄수를 체포하고 그들의 지문을 채취했으며, 간수 앞에서 탈의를 시키고 이 제거제를 살포하는 등의 굴욕을 주었다. 또 등과 가슴에 검은색 죄수번호가 적힌 여성용 작업복을 속옷도 없이 입혔고 머리에는 나일론 스타킹으로 만든 모자를 씌웠다. 심지어 죄수의 한쪽 발에 무거운 쇳덩이가 달린 쇠사슬을 달고 걷게 했고, 화장실에 갈 때는 눈가리개를 씌워 모욕감을 느끼도록 했다. 한편 간수는 표정을 숨길 수 있도록 색안경을 쓰게 했다.

머잖아 간수들은 시키지 않아도 죄수들에게 벌을 주기 시작했다. 반항한 죄수들의 주범을 독방으로 정해진 창고에 감금하고, 죄수들은 모두 바가지에 배변해야 한다는 명령을 내렸다. 이에 인내심이 바닥난 죄수 중 한 명이 실험 중단을 요구했지만 주최자인 짐바르도는 실제 감옥에 있는 것처럼 그 죄수에게 가석방 심사를 받게 한 후 실험을 지속했다.

이윽고 정신 착란을 일으킨 죄수 한 명이 실험에서 이탈한 것을 계기로 간수들의 행동이 폭주하기 시작했다. 남아 있는 죄수 중 한 명을 독방에 감금하는 등 실험규칙을 위반한 행동을 하게 된 것이다. 게다가 그들은 죄수에게 더한 굴욕감을 주기 위해 맨손으로 화장실 청소를 시키거나 구두를 닦도록 강요했다. 그러다 결국은 금지되었던 폭력행위까지 발생했다.

하지만 짐바르도는 실험을 중단하기는커녕 그 사실성에 압도된 채 실험을 강행했다. 그러나 실험 도중에 방문한 한 신부가 이 위험한 상황을 피험자의 가족에게 알렸고, 가족들이 변

정의감이 마약 같다는 생각,
해보셨나요?

호사를 대동하여 사태의 심각성을 호소한 끝에 6일 만에 실험을 중단시킬 수 있었다. 이때도 간수들은 이야기가 다르다며 실험을 계속하기를 희망했다고 한다.

자, 어떤가? 죄수에게도 간수에게도 원래는 아무런 인격적 문제가 없었다. 즉 사람은 본래의 성격과는 관계없이 '정의의 구현자'라는 역할을 맡기만 해도 쉽사리 이런 상태에 빠지는 것이다. 이 감옥 실험이 그 사실을 증명했다. 뇌가 정의감이라는 이름의 마약에 중독된다는 것을 단적으로 보여주는 실험이었다.

6장

심리학자의 이야기

사랑은 증오로
바뀔 수 있습니다

메시지는 확인했는데
대답이 없네?

스마트폰 메신저 프로그램으로 메시지를 주고받을 때 상대가 나의 메시지를 확인했는지 알 수 있다. 그래서 '읽었음'이라고 표시되어 있는데도 답이 없으면 무시당했다는 느낌이 강하게 드는데, 요즘 이로 인한 사회문제가 끊이지 않는다.

언론 보도에 따르면 자신의 메시지를 무시한 초등학생을 불러내 납치하려던 20대 남성도 있었고, 메시지를 무시당한 분풀이로 동급생을 폭행한 중학생도 있었다. 물론 이렇게 극단적으로 발전하는 경우는 많지 않지만 아이들뿐 아니라 어른들도 메시지를 무시당하면 큰 스트레스를 받는 모양이다.

사랑은 증오로
바뀔 수 있습니다

메신저뿐 아니라 공적인 업무메일, 연하장이나 성탄절 카드 같은 계절인사에서 연애편지에 이르기까지 내가 보낸 소식에 무조건 답이 오는 것은 아니다. 하지만 답장을 할 것이라 예상했음에도 하지 않으면 이상한 사람이거나 예의 없는 사람이라는 생각에 상대방에 대한 인상이 악화되는 것도 사실이다. 누구라도 이런 상황에 닥치면 어느 정도는 감정이 상하게 마련이다.

그런데 우리는 왜 이런 '답 없음'에 초연해지지 못할까?

그것은 상대가 나를 모욕했다고 느끼기 때문이다. 그리고 이런 감정이 심해지면 때로는 마음에 큰 상처를 입고 상대에게 커다란 분노를 느끼고 원한의 싹이 튼다.

지금은 거의 모든 사람이 스마트폰을 사용하므로 언제, 어디서나 소통이 가능하다. 밤낮 가릴 것 없이 대화할 수 있으니 타인과 소통하는 데 크게 편리해졌다고 할 수 있다. 하지만 이런 상황이 오히려 사람을 불안하게 만들고 상대에 대한 기대와 요구수준을 높이고 있다. 요즘 젊은이들은 인간관계가 엉성하다고들 한다. 특히 젊은층의 사회문제가 표면으로 떠오를 때마다 엉성한 인간관계 때문이라고 분석하는 전문가들도 적지 않다. 그러나 실제로는 오히려 그 반대가 아닐까?

편리함과 재미에 대한 감각이 놀랄 만큼 정확한 젊은이들은 새롭게 등장한 뛰어난 소통도구를 거부감 없이 받아들였다.

라인LINE 메신저가 이렇게까지 보급된 것도 젊은이들이 장소와 시간에 구애를 받지 않는 실시간 메신저 기능의 편리함을 선택한 덕분이다.* 하지만 부작용이 생겼다. 젊은이들의 인간관계가 과밀해진 탓에 문제를 유발하기 쉬워졌다. 인간관계가 엉성하기는커녕 타인의 반응을 실시간으로 확인할 수 있는 세계에서 오히려 남에게 큰 기대를 걸고 있다.

정보화 사회에서 우리는 중단할 수 없는, 중단해서는 안 되는 소통을 강요당하고 있다. 이처럼 항상 소통이 이루어지는 것이 당연한 세계이기 때문에 답이 없는 것만으로도 대단히 쉽게 원한을 품게 되는 것이다.

보복 포르노

한때 사랑했던 사람으로부터 생각지도 못한 공격을 당할 때가 있다. 그중 하나가 이른바 보복 포르노(리벤지 포르노), 즉 헤어진 연인이나 배우자의 나체 또는 속옷 차림의 은밀한 사진을 인터넷에 올려 불특정 다수에게 공개하는 행위다. 이것도 원

---

* 일본에서는 네이버의 '라인'이 한국의 카카오톡만큼 많이 쓰이고 있다.

사랑은 증오로
바뀔 수 있습니다

한이나 복수심과 깊은 관련이 있다.

스마트폰이 널리 보급됨에 따라 누구나 이런 사진과 동영상을 간단히 촬영하여 송신할 수 있게 되었고, 그것이 보복 포르노라는 커다란 사회문제를 낳았다. 이것은 앞서 소개한 메신저 문제와 함께 심각한 인터넷 폭력 중 하나로 분류되고 있다.

어떤 여성은 인터넷에 네 사진이 올라와 있다는 친구의 연락을 받고서야 예전에 사귀던 사람에게 보냈던 자신의 은밀한 사진이 유명 인터넷 사이트에 공개된 것을 알게 되었다. 이여성은 평소에 SNS를 이용하지 않아서 연인에게 보낸 사진이인터넷에 퍼지리라고는 꿈에도 생각지 못했다. 이 여성처럼개인적인 사진을 그리 쉽게 다른 사람에게 공개하거나 인터넷에 올릴 줄은 미처 몰랐다고 말하는 사람이 많다. 특히 상대가연인이나 친구처럼 친밀한 관계였을 때는 더욱 그렇다.

보복 포르노 때문에 궁지에 몰려 결국은 법적으로 이름까지 바꾸게 된 여성도 있다. 미국 플로리다 주에 사는 이 여성은 2005년부터 사귄 남성과 사진과 동영상을 서로 공유했다.그런데 그와 헤어진 후 자신의 은밀한 사진이 음란 사이트에게재된 것을 알게 되어 아연실색했다. 200곳 이상의 사이트에자신의 사진과 동영상이 넘쳐나는 데다 심지어 실명과 직장까지 모조리 공개되어 있었다.

변호사와 상담했지만 하나하나 대처하려면 수십만 달러의 비용이 든다는 말을 들었을 뿐이다. 사이트마다 연락하여 삭제를 의뢰했지만 모든 게시물을 인터넷에서 완전히 지우기는 어렵다고 판단하고는 2012년 6월 이름을 바꾸고 다른 사람으로 살아가는 길을 선택할 수밖에 없었다.

한때는 친밀했던 사람을 어째서 이렇게까지 공격하는 걸까? 어쩌다 이런 지경까지 오게 되었을까? 그렇게까지 상대를 상처 입히려는 열정은 과연 어디에서 솟아나는 걸까?

어떤 의미에서는 대단히 강력하다고 해야 할 이 원한의 원동력은, 다름 아닌 '질투'라는 감정이다.

내것을 뺏길지 모른다는 불안감

질투란 3장에서 설명한 것처럼 시기와 비슷하면서도 전혀 다른 감정이다. 시기심의 핵심은 나에게 없는 것을 가진 사람에 대해 품는 나도 갖고 싶다는 욕망이다. 반면 질투는 내가 갖고 있는 것을 잃을지도 모른다는 불안과 분노에서 파생된다.

만약 애인이 없는 사람이 애인이 생긴 친구를 보고 불쾌한

사랑은 증오로
바뀔 수 있습니다

감정을 느꼈다면 그 정체는 시기심과 부러움이라 할 수 있다. 반면 내 애인이 다른 이성과 사이좋게 지내는 것을 보고 가슴이 조여드는 듯하고 애인에 대한 말로 다 표현할 수 없는 분노가 솟아오른다면 그것은 질투라 할 수 있다.

그래서 질투는 물질보다는 관계에 관련되어 있을 때가 많다. 우리가 질투를 느끼는 것은 상대와의 관계를 소중하게 여기기 때문이다. 그러나 나쁘게 말하자면 우리가 그 관계에 과하게 의존하고 집착한다는 증거도 된다. 실제로 질투심이 강한 사람은 타인에게 과도하게 집착하는 경향이 강하다.

특정한 관계에 집착한다는 것은 다시 말해 상대에게 기대를 걸고 있다는 뜻이다. '내가 너를 이만큼 사랑하니 나도 너에게 똑같이 사랑받고 싶다', '나만 봐주었으면 좋겠다.' 이런 기대는 매우 다양한 형태를 띤다. 이토록 소중하게 여기는 상대가 기대대로 반응하지 않을 때 불쾌한 감정이 드는 것은 당연하다. 나에게 좀더 집중해달라고 호소하고 싶기도 할 것이다. 이렇듯 질투는 부모나 애인 등 자신에게 중요한 사람에 대해서만 발생하는 것이 특징이다.

그렇다면 우리는 이런 질투심을 언제부터 경험하게 될까?

미국의 발달심리학자 시빌 L. 하트Sybil L. Hart가 밝혀낸 바에 따르면 놀랍게도 생후 반년도 되지 않은 유아에게도 질투의 원형이 존재한다고 한다. 실험자는 엄마가 아기를 한동안 무시하는 상황, 엄마가 혼자 그림책을 읽는 상황, 그리고 엄마가 아기의 인형에게 말을 거는 상황을 각각 만든 후에 상황별로 아기의 표정이 어떻게 변하는지 관찰했다. 그러자 아기는 엄마가 인형에게 말을 걸 때 가장 불쾌한 표정을 지었다. 우리는 엄마가 자신과 비슷한 대상에게 관심을 기울일 때 불쾌한 감정을 느끼도록 설정된 것이다.

아기가 좀더 성장하면 자신의 기대대로 반응하지 않는 엄마에게 불평을 늘어놓거나 떼를 쓰게 되는데, 나는 이를 '질투 항의'라고 부른다. 유아는 점차 질투심을 표정에 드러낼 뿐 아니라 자신에게 더 집중해달라는 이의제기를 하게 된다. 성장하고 나면 이런 질투가 친구관계나 연애관계에도 적용된다. 자신에게 중요한 관계이기 때문에 질투심이 생기는 것이다. 그러나 무슨 일이든 적당한 것이 좋다. 지나친 질투는 상대와 자신을 동시에 공격한다.

메시지에 반응이 없다고 화를 내거나, 사귀었던 상대의 은밀한 사진을 인터넷에 공개하는 행위는 어릴 적의 질투 항의가 심화된 것이다. 보복 포르노의 경우 이의제기 치고는 너무 심한 행동이다.

여기서 다시 한 번 짚고 넘어갈 부분은 상대가 기대대로 반

사랑은 증오로
바뀔 수 있습니다

응하지 않는다고 화가 나서 공격하는 것은 내가 상대와의 관계를 소중히 여긴다는 확실한 증거라는 점이다. 물론 지나친 어리광이나 의존성으로 보아야겠지만 상대를 소중히 생각하는 것만은 틀림없다. 그런데 그렇게 소중한 사람을 상처 입히고 심하면 죽이기까지 하는 악질적 질투 항의 행동이 있다. 바로 이미 심각한 사회문제가 된 스토킹이다.

스토킹

2000년에 스토커 규제법이 시행된 후[*] 경찰에 접수된 스토킹 건수는 해마다 늘어 2013년에는 무려 2만 건을 넘었다고 한다.

대개의 스토커는 헤어진 연인이나 배우자를 쫓아다닌다. 그들은 사랑과 미움이라는 상반된 감정을 품고 상대에게 집착한다. 이처럼 상대를 향한 애정이 증오로 바뀌는 이유로는 '예전에는 사이가 좋았었다. 그러니 예전의 관계를 회복해야겠다'라는 생각을 들 수 있다. 예전에 사이가 좋았다는 생각은 혼자만의 착각일 수도 있는데, 이러한 생각을 품고 상대가 자신의

---

[*] 우리나라의 경우 1999년부터 관련 법안이 수차례 발의되었으나 통과되지 못했다.

기대대로 반응하지 않는 것에 항의하고 자신을 봐달라고 호소하기 위해 상대를 쫓아다니는 것이다.

NPO 법인 '휴머니티'*의 고바야카와 아키코小早川明子는 저서《스토커는 무엇을 생각하는가「ストーカー」は何を考えているか》에서 스토킹 가해자에게는 다음과 같은 특징이 있다고 지적했다.

① 확고한 심리적 동기가 있으며, 자신의 행위가 정당하다고 망상적으로 믿는다.
② 상대를 일방적으로 쫓아다니며 피해를 주고 괴롭히는 것을 자각하면서도 상대가 호의를 품기를 기대한다.
③ 그 희망이 끊어지면 감정의 균형이 증오 쪽으로 확 기울어져 자살하거나 상대를 살해할 수 있다.

당연히 스토커에게도 제 나름의 이유나 동기가 있을 것이다. 그러나 자기 생각만을 고집하며 상대를 쫓아다니는 점 그 자체에 커다란 문제가 있다. 더 심각한 것은 가해자 대부분이 자신에게는 법을 어겨서라도 복수할 권리가 있다고 믿는다는 점이다. 그러면 그렇게까지 해서 스토킹을 지속하는 원동

---

* 스토커 피해자를 지원하는 일본의 비영리 단체다.

사랑은 증오로
바뀔 수 있습니다

력, 이른바 '스토커의 정의감'은 어디서 나오는 걸까? 어떨 때 사랑이 증오로 급격히 변하는 걸까?

어떤 여성은 사내연애 중이던 남성으로부터 이별을 통보받고 스토킹 행위를 시작했다고 한다. 또 어떤 남성 사업가는 사귀던 거래처 여사원에게 차인 데 복수하기 위해 스토킹을 시작했다고 한다. 이 두 사람에게서는 '내가 차이다니 있을 수 없는 일이다', '나를 배반한 상대를 도저히 용서할 수 없다'는 공통된 피해자 의식이 엿보인다. 그리고 왜 나를 상처 입히느냐며 상대를 끝없이 질책하고 왜 헤어지려 하느냐며 끈질기게 답을 요구하는 집요함도 보인다. 피해자 의식이 원한을 품게 만들고 상대에게 벌을 주고 관계를 바로잡아야겠다는 이상한 정의감과 집념이 그 원한을 크게 키운 셈이다. 그래서 결국 자신이 가해자라는 감각이 둔해지고 만다.

스토커는 상대가 신뢰관계를 무너트린 장본인이기 때문에 그 사람이 회복을 위해 애쓰는 것이 당연하다고 믿으며, 상대에게 배신당하는 것을 극도로 두려워한다. 우정, 애정, 신뢰관계는 이처럼 일방적으로 성립되는 것이 아닌데도 이들은 상대가 자신의 생각대로 반응하지 않으면 상대를 위협해서라도 자신의 기대를 충족하려 든다.

이처럼 남을 쉽게 원망하는 경향의 사람들은 자존심이 강한 동시에 상처도 잘 받는다. 그래서 자신의 생각과 입장을 과도하게 정당화하고 자신의 정의를 방패삼아 상대를 비판한다. '성의 있게 대응해라', '네가 신뢰관계를 무너트린 것 아니냐', '너는 사람으로서 글러먹었다'는 식으로 상대에게 도의적 책임을 계속 요구하는 것이다. 사실 스토킹 행위 자체가 도의에 어긋난 것인데도 그들은 그 사실을 모른 척하며 자신의 정의에만 집착한다.

뭉뚱그려 스토커라고 하지만 그 유형은 무척 다양하다. 그 분류 중에서도 제일 유명한 것이 정신의학자인 폴 멀린Paul E. Mullen의 분류다. 그에 따르면 지금까지 이야기한 것처럼 헤어진 연인 또는 배우자를 스토킹하는 유형이 '거절형'으로 스토킹 전체의 70~80퍼센트를 차지한다고 한다. 거절형 스토커들은 연인을 독점하려는 질투심이 매우 강하며 장기화하기 가장 쉬운 유형이다.

그밖에도 자신이 원하는 상대의 애정을 얻으려 하는 '친밀추구형', 남과 친해지는 데 극단적으로 서툴러 결과적으로 스토커가 되어버리는 '부적격형', 자신의 성적 욕구를 충족하기 위해 피해자를 포획물처럼 쫓는 '포식형', 그리고 이 책의 내용과 가장 밀접하게 관련 있는 '원한형'이 있다.

원한형 스토커는 피해자 의식과 징의감이 특징이다. 이 유

사랑은 증오로
바뀔 수 있습니다

형은 헤어진 연인이나 배우자뿐 아니라 자신을 모욕했다고 여기는 상대까지 집요하게 스토킹한다. 이런 스토커들이 내세우는 정의는 피해자로서는 전혀 인정할 수 없다. 그런데도 스토커들은 끈질기게 주변을 배회하고 메일과 전화로 빈번하게 연락하며 심지어 근무처까지 쳐들어와 협박하고 괴문서를 뿌리는 등 상식에서 벗어난 행동을 일삼는 바람에 퇴사 또는 이사를 강요받는 피해자가 많다. 많은 피해자들이 공포심 때문에 정신적인 문제까지 겪는다.

거절형 스토커들도 상대에게 배신당했다고 믿으며 '나를 바보로 취급했다', '거짓말을 했다'고 격분한 끝에 결국은 상대를 파멸시키겠다는 집념을 불태운다. 상대가 자신을 받아주고 예전의 관계로 돌아가지 않는 한 원한을 품고 상대를 해치려 하므로 나중에는 결국 원한형 스토킹과 비슷해진다. 그들은 이미 사랑과 증오를 구별하지 못하게 된 사람들이다.

관계를 다시 한 번 생각해보라

많은 사람들이 스토킹이나 보복 포르노의 가해자는 비상식적이며 어리석고 이상한 사람이니 자신과는 무관하다고 쉽게 단정할 것이다. 그러나 이 지경까지는 이르지 않더라도 누구든 다양한 상황이나 인간관계 속에서 나에게 원한을 품게 한 상대, 나를 상처 입힌 상대를 징벌하고 싶다는 생각을 갖게 된다. 특히 연애와 관련된 남녀 간 갈등의 경우 자신의 유전자를 남기려는 인간의 번식본능과 결부되어 있어서 감정이 금세 폭주하기 쉽다.

연인 사이뿐 아니라 부모, 자식, 형제, 친구, 동료, 이웃 등 친밀했던 상대에게 배신을 당했다고 느끼면 애정이 컸던 만큼 증오도 커진다. 이 증오는 순수한 증오라기보다 질투와 뒤엉킨 원한으로 봐야 할 것이다. 즉 나를 더 봐주기를 원했지만 기대대로 되지 않은 것에 대한 불만이 '너는 틀렸어'라는 불의의 감각을 유발하면서 원한으로 바뀐 것이다. 즉 질투가 원한을 낳은 셈이다.

우리는 하나의 감정이 새로운 감정을 낳을 수 있음을 기억해야 한다. 그래야 질투를 느낀다고 해도 그 질투가 원한으로 변하기 전에 상대와의 관계를 점검할 수 있다.

과연 우리가 느끼는 애징이란 무엇인지 생각해보자. 애정이란 내가 감정적 붕괴를 겪을 때 경험한 타인의 보살핌에서 비롯된다. 이런 작용을 심리학에서는 '애착'이라고 부른다. 애착

사랑은 증오로
바뀔 수 있습니다

은 원래 부모자식 간의 유대를 말하지만 우리는 이 애착을 점차 친구나 연인관계에도 적용하게 된다.

이런 관계에서 타인이 나의 기대대로 반응하지 않을 때 생겨나는 감정 중 하나가 질투다. 질투는 보살핌이 필요할 때 나를 보살펴주지 않은 상대에 대해 품게 되는 감정이므로 질투가 전혀 없는 것은 상대와의 관계를 중요하게 여기지 않는다는 증거이기도 하다. 거꾸로 과도한 질투는 내가 상대와의 관계에 과하게 집착하고 있다는 증거다.

질투를 원한으로 발전시키지 않기 위해서라도 대화를 통해 상대와의 향후 관계를 점검해 나가야 한다. 때로는 헤어지는 것이 최선의 선택일지도 모른다. 만약 마주 앉아 차분히 대화할 수도 없는 상대라면 그 사람과의 관계는 현실이 아닌 공상 속의 관계라 할 수 있다. 이처럼 관계를 맺지 못한 상대에게는 무언가를 기대하는 것부터가 무리다. 인간관계는 결국 타인을 내 뜻대로 제어하기 위한 것이다. 그러나 타인을 억지로 제어하려다 보면 관계 자체가 어그러질 수 있다.

질투란 상대가 나의 기대대로 움직이지 않고 있음을 상기시키는 신호일 뿐이다. 질투를 원한으로 발전시키는 것도, 질투를 통해 관계를 재점검하는 것도 우리의 감정을 다루는 하나의 방법일 것이다.

내것을 빼앗길까 봐
뇌는 불안합니다

내것은 결코
뺏길 수 없어

앞에서도 말했듯이 '질투'의 한자에 계집녀女 변이 붙어 있다는 이유로 여자의 질투심이 상대적으로 강할 것이라고 추측하는 사람들이 있다. 그러나 나는 항상 사실은 반대가 아닐까 생각했다. 실제로는 여자보다 남자의 질투심이 강하다는 연구결과도 있고 말이다.

대부분의 질투가 연애관계에서 생겨난다. 특히 남성은 자신과 관련된 여성 또는 자신이 좋아하는 여성을 빼앗을 듯한 사람에게 매우 불쾌한 감정을 느낀다. 그 감정은 때로는 그 사람을 죽이고 싶을 정도로 강해진다. 이처럼 남성에게 있어 대개

내것을 빼앗길까 봐
늬는 불안합니다

의 질투란 남성의 본능적 관점, 즉 여성을 소유하거나 빼앗는
다는 사고방식에서 나온 감정이기 때문에 질투라는 단어에 계
집녀 변을 붙인 것이 아닐까 하는 것이 내 개인적인 해석이다.

질투라는 감정은 제3자가 보기에는 무척이나 극적이다. '감
정의 뇌'라고도 불리는 대뇌변연계 주변의 오래된 뇌회로가
쓰이기 때문인지, 뇌 안에서 감정을 격동시키는 서정적이고
시적인 언어공간이 형성될 때가 많아서 연구자로서도 질릴 줄
모르고 계속 관찰하게 된다. 대중 예능에서 예술작품까지 질
투심을 둘러싼 다양한 창작물이 지금까지 수없이 탄생한 것도
아마 그런 이유였을 것이다. 이렇듯 남의 눈에는 흥미롭고 역
동적으로 보이는 질투심이지만 당사자에게는 반갑지 않다.

그건 왜일까? 자신이 소유한 여자나 남자, 혹은 자원을 다
른 누군가가 빼앗을지도 모른다는 위기감을 느끼기 때문이
다. 이 위기감은 대단히 절실하여 질투에 한 번 사로잡힌 사
람은 대개 공격적으로 변하고 상대의 목숨을 위협할 만큼 위
험해지기도 한다.

생물에게는 자신의 자원을 빼앗길 위험을 회피하려는 본능
이 있다. 그래서 이런 위험과 맞닥트리면 위기감에 쫓기는 동
시에 자신의 자원을 빼앗을 듯한 상대를 어떻게든 배제하고
싶은 감정이 솟아난다. 이것이 바로 질투심의 배경이다.

누군가에게 자원을 빼앗길지 모른다는 위기감은 질투심을 더욱 부추긴다. 누군가에게 메시지를 보냈지만 기대했던 회답이 오지 않고 있는 상황을 상상해보자. 이 상황에서는 자원을 빼앗길지 모른다는 위기감뿐 아니라 이미 빼앗긴 것은 아닐까 하는 불안감까지 더해져 불쾌한 감정이 증폭된다. 연애관계였던 상대 혹은 일방적으로 연애감정을 품었던 사람이 스토커가되는 것도 이런 이유에서다.

만약 짝사랑하는 사람에게 메시지를 보냈는데 답이 오지 않아 괴로울 경우, 자신이 답을 받았을 때의 쾌감을 잊지 못하여 중독에 빠졌을 가능성도 생각해보아야 한다. 이처럼 사회적 보상에 중독되어 있다면, 상대와의 쌍방 소통에 의해 방출되는 도파민을 얻지 못하여 생기는 금단증상 때문에 상대에게 턱없는 요구를 할 위험성이 높아진다.

다시 말해 누구든 질투심에 속을 수 있다. 꽃뱀이나 제비족, 점쟁이나 사이비 종교인 등은 모든 사람이 공통적으로 가지고 있는 이런 심리를 교묘하게 이용하는 사람들이다. 그러나 질투심은 악용하거나 상대에게 피해를 끼치지 않는 범위 내에서 잘 활용한다면 매우 유용한 심리다.

내것을 빼앗길까 봐
뇌는 불안합니다

질투를 담은
예술

이야기를 진행하기에 앞서 예술작품에 등장한 다른 사람의 질투심을 한번 엿보고 지나가보자. 당사자에게는 매우 괴롭고 파멸적인 감정이었지만 한 발 물러선 곳에서 이 모습을 지켜보는 사람들에게는 역시 흥미진진한 모습을 보여준다.

아마데우스Amadeus

천재로 태어나지 못한 평범한 사람의 질투와 고뇌를 그린 비극적 작품이다. 피터 쉐퍼의 명작 희곡을 1984년에 작가 자신이 각색하고, 밀로스 포먼 감독이 영화화했다.

1800년대 초기, 자살을 기도했다가 정신병원에 격리된 안토니오 살리에리라는 노인이 신부를 찾아가 "내가 모차르트를 죽였다"며 충격적인 내용의 고해를 하는 장면으로 영화가 시작된다. 엘리트 작곡가였던 살리에리는 오스트리아 황제인 요제프2세를 섬기는 궁정 작곡가로서 궁정 귀족들의 칭송을 한몸에 받으며 신에게 감사하는 우아한 삶을 살고 있었다. 그런데 어느 날 볼프강 아마데우스 모차르트가 등장한다. 그는 어린애 같은 행동을 반복하는, 예의도 상식도 없는 남자였다.

그러나 음악에 관해서만은 살리에리가 도저히 도달할 수 없는 재능을 지닌 천재였다. 살리에리는 그런 그에게 살의까지 뒤섞인 시기심과 질투심을 느낀다.

'내게 없는 재능을 지닌 남자, 내 풍요한 삶을 빼앗아간 남자, 이 남자를 죽이고 싶다!'

살리에리는 자신을 사랑했던 신이 자신을 버리고 모차르트를 선택했다고 믿는다. 그래서 신의 부조리에 분노한 나머지 신앙을 버리고 모차르트를 죽일 계획을 세운다.

영화에서는 음악적 조예가 없는 궁정 귀족들이 살리에리가 만든 쉽고 대중적인 가극을 깊이 있는 모차르트의 작품보다 더 좋아하는 것으로 표현되었다. 그래서 살리에리의 고뇌는 더욱 두드러진다. 그는 누구보다 모차르트의 재능을 잘 아는 사람이 자신이라는 점에 괴로워했으며, 심지어 아무도 그 고통을 이해할 수 없는 환경에 처해 있었다. 이 영화는 이런 부정적인 감정을 매우 생생하게 그려내고 있다.

무스메 도조지娘道成寺

안친 기요히메安珍清姫 전설에는 꽤 유명한 질투심이 등장한다. 기슈紀州 지역의 도조지道成寺라는 절에 전해 내려오는 이 전설은 가부키인 〈교가노코 무스메 도조지京鹿子娘道成寺〉의 원

내것을 빼앗길까 봐
너는 불안합니다

형이 되기도 했다.

먼 옛날 기요히메라는 소녀가 미남 승려인 안친을 사랑했다가 배신당한다. 결국 짝사랑의 달콤쌉쌀한 연심이 가공할 증오로 변해버렸고, 기요히메는 뱀이 되어서까지 안친을 쫓는다. 안친은 가까스로 도망쳐 도조지의 종 안에 숨지만 기요히메는 안친이 숨어 있는 그 종을 그대로 불태워버린다.

멋이라고는 찾아볼 수 없는 요즘 말로 바꾸어보면 한 여자가 애인에게 차인 분풀이로 그를 살해하는 스토킹 이야기라고 요약할 수 있는데, 사건의 근원에 있는 질투심을 뱀의 형상으로 표현한 것이 재미있다. 질투는 자신의 자원을 빼앗기지 않기 위해 작용하는 심리기능이므로 인간이 아닌 다른 동물에게도 존재할 것이다.

위험한 정사 Fatal Attraction

남자에게는 하룻밤의 불장난이었지만 여자는 그렇지 않았다. 애드리안 라인 감독의 1987년 작품인 이 영화는 한 번 불붙은 욕망이 점차 과격해짐에 따라 여자 주인공이 상식에서 벗어나게 되는 과정을 섬세하게 그려내 관객들의 공포감을 더했다. 남자를 독점하려는 여자의 행동은 결국 살의를 띠게 되는데, 일상의 아주 사소한 균열이 파멸을 부른다는 내용이 수

많은 남성의 뒤를 켕기게 한 덕분인지 이 작품은 큰 화제를 모았다.

영화 속에서는 알렉스(여자 주인공)가 가상의 사회적 보상으로 댄(남자 주인공)을 설정한 후에 어떤 일이 벌어지는지, 그 일련의 흐름이 잘 그려져 있다. 따라서 허구임에도 질투심이 사람을 어떻게 스토커로 바꾸어 놓는지 연구하는 데에 효과적인 참고자료가 되어준다. 특히 어떤 행동이 여성의 질투심을 폭발시키는지 알려준다는 점에서 모든 남성이 참고할 만한 작품이다.

미저리 Misery

스티븐 킹의 소설을 1990년에 로브 라이너 감독이 영화화한 작품이다. 주인공 폴 쉘던은 소설 《미저리》를 집필하여 많은 여성 팬을 확보했지만 사실 그는 순수문학을 지향하는 작가로 애정사를 다룬 대중적 작품인 《미저리》를 좋아하지 않았다. 그래서 미저리를 죽여서 시리즈를 끝낸 후 순수문학을 시작하기로 결심하고는 시리즈의 최종판을 출판한 후 휴가를 떠난다. 그런 그가 여행 도중에 자동차 사고를 당하는데 이때 어떤 여성의 도움을 받게 된다.

폴을 구해준 애니는 예전에는 간호사였지만 광적으로 《미저리》를 좋아하는 정신이상자이자 살인자라는 사실이 서서히 드러나기 시작한다. 폴을 자신의 집에 감금한 애니는 마지막 작품에서 미저리가 죽은 것을 알고 폴을 학대하며 다음 작품을 억지로 쓰게 한다. 그리고 폴이 도망치려 하자 그를 비난하며 발을 도끼로 절단해버린다(영화에서는 해머로 부순다).

〈위험한 정사〉와 구조는 같지만 연애감정이 등장하지 않는다는 점에서 더 무서운 작품이다. 가상의 사회적 보상을 주는 존재인 폴을 잃지 않으려는 애니의 감정은 질투에서 시작해 무시무시하게 발전하는데, 이를 생생하게 관찰할 수 있는 것 역시 이 영화의 감상 포인트다.

로베르트는 오늘밤 Roberte Ce Soir

피에르 클로소프스키의 소설 작품으로 자신의 파트너를 남이 범하게 하고 그것을 관찰하는 것이 취미인 트로일리즘 troilism을 소재로 했다. 이 소설에서는 자신의 아내를 모든 남성 방문자가 범하게 하고 그 모습을 관찰하는 주인공의 모습을 낱낱이 그려내고 있다. 그런데 실제로 질투심이 성적 흥분을 강화한다는 사실을 경험으로 아는 남성이 많을 것이다.

사실 이것은 뇌과학에서도 어느 정도 인정하는 사실이다. 성적 흥분에 관여하는 뇌의 영역은 불안과 공포, 공격성에 관여하는 뇌의 영역과 인접해 있다. 바로 편도체와 시상하부의 일부가 여기에 해당한다. 따라서 성적 흥분은 여성의 경우 공포심, 남성의 경우 공격성과 특히 밀접한 관련이 있다고 한다.

이렇듯 뇌 해부도만 봐도 질투가 성적 흥분을 강화한다는 사실을 유추할 수 있다. 그러므로 남성을 흥분시키려면 적당한 질투를 유발하는 것이 효과적이다.

자원을
관리하는 뇌

경제학은 사람이 자신의 경제적 이득을 최대한 늘리려고 하는 합리성에 따라 늘 이성적으로 행동한다는 전제 아래 이론을 구축한다. 그러나 심리실험을 통해 사람의 실제 행동을 관찰한 결과 사람이 항상 합리적으로 행동하는 것은 아니라는 사실이 밝혀졌다. 즉 실제로는 나의 이득을 줄이면서 상대의 이득을 대폭 늘리려는 '친절한 행동', 나의 이득을 다소 줄여서라도 상대의 이득을 대폭 줄이려는 '심술궂은 행동'이 높은 빈도로 나타난 것이다.

사람은 왜 합리성이 결여된 친절한 행동과 심술궂은 행동을

내것을 빼앗길까 봐
뇌는 불안합니다

선택하는 걸까?

이에 대해서 오사카대학교의 한 연구팀이 공공재 공급에 관한 실험을 실시했다. 공공재 공급의 자발적 기여 구조(모두가 돈을 내서 공공재를 공급하는 구조)를 살펴보면 사람들이 왜 어긋난 행동을 하는 사람에게 심술궂은 행동을 하는지, 또 친절한 행동에는 어떤 의미가 있는지 알 수 있다.

공공재란 누군가에 의해서 생산된 후에는 구성원 모두가 혜택을 누릴 수 있는 재화나 서비스를 말한다. 국방, 치안, 공원, 도로 등을 그 예로 들 수 있다. 공공재에는 그 재화를 소비하기 위해 다른 사람과 경쟁할 필요가 없다는 비경합성, 대가를 치르지 않아도 그 소비를 막을 수 없다는 비배제성이란 특징이 있다. 따라서 모든 공공재에는 필연적으로 무임승차 문제가 따른다. 지구환경 역시 공공재다. 환경보호를 위한다며 다른 나라에게 온실가스를 줄이라고 하고는 자기 나라만 쏙 빠지는 것이 바로 무임승차다. 교토의정서*가 그야말로 대표적인 사례일 것이다.

---

* 범지구적으로 온실가스를 감축하기 위해 1997년 12월에 체결된 기후변화 협약서다. 자발적인 참여를 기반으로 하고 있어 법적 구속력이 없고 탈퇴가 자유롭다. 게다가 세계 온실가스 배출량 1, 2위를 달리는 미국은 참여하지 않고 있고, 그밖에 온실가스 상위권을 차지하는 중국, 러시아, 인도 등의 나라들도 적극적으로 참여하지 않고 있다. 정작 온실가스를 제일 많이 배출하는 나라들이 적극적으로 참여하지 않으니 유명무실하다고 볼 수 있다.

심술궂은 행동에는 무임승차하는 사람에 대한 징벌효과가 있다. 즉 심술궂은 행동은 타인의 협력을 촉구할 목적으로 일어나는 것이다. 체재에 협조하지는 않으면서 편승하려고 하면, 즉 자신만 공짜로 혜택을 누리려고 하면 타인에게 심술궂은 행동을 당하게 되어 자신의 이득이 대폭 줄어들기 때문에 이를 피하려면 협력할 수밖에 없는 것이다. 특이하게도 이런 심술궂은 행동은 미국인과 중국인에 비해 일본인에게 두드러진다. 일본은 역시 집단따돌림이 발생하기 쉬운 사회다.

그러면 이런 심술궂은 행동은 뇌의 어떤 영역과 밀접한 관계가 있을까?

심술궂은 행동은 감정에 관한 뇌영역과 합리성에 관한 뇌영역이 서로 영향을 주고받는 가운데 성립된다는 연구결과가 있다. 애리조나대학교의 앨런 산페이Alan G. Sanfey 교수가 '최후통첩 게임'을 통해 이 사실을 밝혀냈다.

최후통첩 게임은 제안자와 응답자 두 사람이 돈을 나누어 갖는 게임이다. 제안자는 게임을 시작할 때 얼마간의 돈을 받게 되고, 응답자에게 돈을 나누는 방식을 제안한다. 이때 응답자는 그 제안을 수락할지 거부할지 선택할 수 있다. 응답자가 수락하면 각각 제시된 방식대로 돈을 받게 되지만 거부하면 둘 다 아무것도 받지 못한다. 그런데 실험 중 불공평한 제안을

내것을 빼앗길까 봐
뇌는 불안합니다

거부할 때의 응답자의 뇌 활동을 측정했더니 전방 우측 뇌섬엽*의 활동이 우배외측 전두전야(전두엽 앞부분)의 활동보다 강하게 나타났다.

지금까지의 뇌 기능 연구에 따르면 배외측 전두전야는 외부의 정보를 참조하여 자신의 행동을 조정하는 정보처리영역이다. 아마 자기이득 최대화라는 최후통첩 게임의 합리성에도 깊이 관여했을 것이다. 한편 전방 뇌섬엽은 혐오감을 주관하는 영역이므로 최후통첩 게임 중 불공평에 대한 감정(혐오감)에 깊이 관여했을 것이다. 따라서 불공평한 제안을 받았을 때 배분의 불공평함에 대한 혐오감(전방 뇌섬엽)이 합리성(배외측 전두전야)보다 강했기 때문에 응답자가 제안을 거부한 것이라고 판단할 수 있다.

또 다른 연구에 따르면 자신의 이득을 희생하여 비협력적인 상대를 처벌(비용이 드는 처벌)할 때는 보상과 쾌락에 관련된 미상핵뿐 아니라 인지적 기능을 관장하는 복내측 전두전야 및 내측 안와전두피질에도 의미 있는 활동이 나타났다. 따라서 연구팀은 피험자가 처벌을 통한 만족감과 금전적 손실을 저울

---

* 전두엽과 두정엽, 측두엽에 덮여 보이지 않는 대뇌피질의 한 부위다. 외부 세계를 경험하고 인식하는 데 핵심적 역할을 한다. 경제적 의사 판단뿐 아니라 공정성에 대한 감각, 혐오감과도 관련이 깊다.

에 달아가며 의사결정을 했다고 결론내렸다.

요약하자면 사람이 자신의 이득을 다소 줄이면서 상대의 이득을 늘리는 친절한 행동을 선택하거나 자신의 이득을 다소 줄여서라도 상대의 이득을 대폭 줄이는 심술궂은 행동을 선택할 때는 감정에 관련된 뇌영역과 금전적 이득을 최대화하려는 합리성에 관련된 뇌영역이 서로 뒤엉키면서 의사결정을 내린다고 할 수 있다.

그러면 친절한 행동과 심술궂은 행동을 '당했을' 때에는 어떤 뇌영역이 활성화될까?

친절한 행동과 심술궂은 행동은 그 자체로는 의미가 없다. 이런 사회적 행동이 효과를 발휘하기 위해서는 상대가 그 행동의 의도를 인지해야 한다. 즉 심술궂은 행동은 그 행동을 취하는 측의 악의가 전해져야 비로소 효과를 발휘하는 것이다.

앞서 소개한 오사카대학교의 연구팀은 친절한 행동과 심술궂은 행동을 인지할 때 사람의 뇌에 어떤 변화가 일어나는지도 관찰했다. 이들의 연구결과에 따르면 친절한 행동을 취하는 상대를 볼 때 강하게 활성화되는 영역은 문내측 전두피질의 뒷부분이었다.

데이비드 아모디오David Amodio[*], 리하르트 리더린코프Richard Ridderinkhof[**] 등의 연구에 따르면 이 영역의 기능은 두 가지다.

내것을 빼앗길까 봐
뇌는 불안합니다

하나는 행동관찰 기능으로, 특히 갈등이나 실수에 대처하기 위해 매우 중요한 기능이다. 나머지 하나는 의사결정과 관계된 기능이다. 즉 이 영역은 장래의 행동을 개선하기 위해서는 자신의 행동원칙을 지속적으로 갱신할 필요가 있으므로 자신의 갈등과 실수 등의 기묘한(뜻밖의) 상황을 관찰하는 역할을 한다.

오사카대학교 연구팀의 실험에서 피험자는 6회 연속으로 친절한 대접을 받은 후에 자신도 상대에게 친절을 베풀지 말지를 결정했다. 이들 피험자는 이런 과정 속에서 장래의 행동을 개선하기 위해 자신의 행동원칙을 지속적으로 갱신한 셈이다. 또 뜻밖의 친절한 대접을 받았으므로 그것을 기묘하게 느끼고, 그 행동의 의도를 파악하려고 노력한 것으로 추측할 수 있다.

실험에서는 전방 뇌섬엽과 선조체(피각)도 활성화됨을 관찰했다. 이 두 영역은 경제적 의사결정 과정을 연구할 때 주로 관찰되는데, 어제이 사트퓨트Ajay Satpute [***]는 그중 선조체(피각)가 보상에 대해 평가하거나 예측할 때 가장 크게 활성화된

---

[*] 뉴욕대학교의 교수로 심리학자이자 신경과학자다.

[**] 암스테르담대학교의 교수로 생물심리학자이자 인지과학자, 발달심리학자다.

[***] 노스웨스턴대학교의 연구원이며, 심리학자, 신경과학자다.

다는 사실을 밝혀냈다. 또 앞서 소개했듯 전방 뇌섬엽은 공정성에 대한 감각과 육체적·정신적인 혐오감을 주관한다.

이런 점을 고려하여 피험자의 뇌 활동을 분석해보면, 피험자는 이미 획득한 보상을 만족스럽게 평가하는 동시에 상대가 이유 없이 친절을 베푸는 것을 부자연스럽게 여겨 혐오감에 가까운 감정을 느꼈다고 해석할 수 있다.

한편 심술궂은 행동을 당했을 때 활성화된 뇌영역을 살펴보니 상대의 이득최대화 행동(이기적인 행동)을 보았을 때와 비슷했다. 즉 상대가 이득최대화 행동을 선택하는 것을 보면서 그것을 자연스럽다고 느끼듯 심술궂은 행동을 당할 때도 부자연스러운 의도가 없는 당연한 행동으로 인식한 것이다. 심술궂은 행동에는 심술궂은 의도가 있을 텐데도 당한 사람은 오히려 그것을 인간으로서 자연스러운 행동이라고 인식한 셈이다. 반면 피험자는 친절한 행동을 부자연스럽다고 이해했다. 세상에 공짜는 없다며 경계했는지도 모른다.

사람이 어쩔 수 없이 협력 행동을 취한다고 생각하면, 이처럼 의도가 모호한 친절한 행동을 부자연스럽게 느끼는 것도 어찌 보면 당연한 일이다. 그런데 이처럼 친절한 행동이 부자연스럽게 인식되는 것을 보면 사람의 본성은 전혀 친절하지 않은지도 모르겠다. 사람이 복잡한 생존환경에 적응하기 위해

내것을 빼앗길까 봐
뇌는 불안합니다

뇌와 지성을 진화시켰다는 마키아밸리*적 지성 가설에 따르면 사람은 심지어 살아남기 위해 심술궂은 행동을 적극적으로 학습했을지도 모르겠다.

그렇다면 사람의 본질은 심술궂다는 말인가? 이 점에 대해서는 앞으로 다각적인 연구가 필요할 것이다.

---

* 16세기 르네상스기 이탈리아의 사상가다. 강력한 군주제를 실현하기 위해 때로는 정치가의 목적이 그릇된 수단을 정당화할 수 있다고 주장하며 근대 정치사상의 기반을 마련했다.

부정적 감정에도
의미가 있습니다

함께 살려면 필요한
시기와 질투

시기와 질투, 분노와 원한, 불안과 불만 등 부정적인 감정이 생기면 우선 본인이 괴롭다. 질투심이 생기면 자존심, 자부심, 죄책감, 도덕감 등 뇌의 다양한 기능이 한꺼번에 활성화되면서 마음이 어지러워지므로 스스로 다스리기가 정말 어렵다.

그러나 부정적 감정에도 그 나름의 의미가 있다. 그중에서도 가장 중요한 것은 개체로 하여금 집단 내에서 적절한 행동을 취하게 만드는 피드백 장치로서의 역할이다.

예를 들어 죄책감이란 이런 행동을 하면 집단에서 배제되어 생존과 생식이 어려워진다는 계산이 감정으로 표출된 것이다.

부정적 감정에도
의미가 있습니다

뇌는 생사에 관련된 이런 계산에 굉장히 빠르다. 상대에게 원한을 품은 자신에게 느끼는 죄책감 역시 오버 생선을 방지하기 위한 피드백이다. 이처럼 인간의 부정적 감정이라는 장치는 극히 기능적으로 설계되어 있다.

다만 이 장치는 밀그램과 짐바르도의 실험으로 밝혀졌듯이 외부의 권위나 '내가 바로 정의의 구현자다'라는 인식으로 쉽게 통제를 벗어날 수 있다. 그럴 때 인간은 집단 단위로 폭주하기도 한다. 그것이 발전하여 테러리즘이나 폭동, 전쟁을 일으키는데, 그 형태야 어쨌든 생존과 생식에 부적합한 불안한 상황을 야기하는 것이다.

한 번 생기면 수를 쓰기가 쉽지 않은 부정적 감정은 그야말로 마음대로 되지 않는, 인간의 본원적인 성질이다. 그렇지만 인간이 진화하는 과정에서 부정적 감정을 지니는 편이 좀 더 유리했기 때문에 뇌가 그런 경향을 띠게 되었다는 것을 지금까지의 연구가 밝혀냈다. 집단 내에서 적절하게 행동하도록 하는 죄책감처럼 부정적 감정은 인간의 생존과 종의 존속에 중요한 역할을 담당해왔던 것이다.

'감정'이라고 한마디로 말하지만 그 내용은 가지각색이다. 이 책에서 다루는 시기와 질투, 분노와 원한은 물론이고, 불안, 공포, 죄책감, 자존감, 도덕감, 기쁨, 애정, 행복감 등 그

종류는 사전만 보아도 셀 수 없이 나와 있다. 이러한 모든 감정들은 우리에게 어떤 역할을 하는 걸까?

감정은 친사회성에 필수적인 요소다. 친사회성이란 인간이 사회적 존재로서 살아가기 위해 필요한 성질이다. 생리학자 레슬리 브라더스Leslie Brothers는 안와전두피질과 측두엽, 편도체에 '사회 뇌'라는 이름을 붙였다. 안와전두피질은 공감력, 측두엽은 문맥 및 상황판단력 등의 소통력, 편도체는 좋고 싫음의 판단을 주관하는데 브라더스는 이런 기능이 친사회성에 특히 중요하다고 여겨 이들 영역을 사회 뇌라고 명명한 것이다.

인간은 곤충처럼 견고한 외골격도 없고, 맹수처럼 강한 근력과 공격력도 없다. 빠르게 도망칠 수 있는 날개나 민첩하고 튼튼한 다리도 없어서 동물로서는 상당히 취약하다. 그런 종이 이렇게나 개체 수를 늘리고 번성할 수 있는 이유는, 바로 큰 집단(사회)을 형성하여 종 전체의 이득을 정교하게 늘릴 수 있는 능력 때문이다. 즉 친사회성이야말로 인간을 여기까지 발전시킨 요소라고 해도 과언이 아니다. 이렇듯 인간이 사회적 행동을 취하려면 뇌에 그에 적합한 기능이 구비되어 있어야 할 것이다. 그것이 바로 사회 뇌와 그에 준하는 영역이다.

보통 여기까지 들으면 공감력 등 사람 간의 유대를 심화하

부정적 감정에도
의미가 있습니다

거나 배려행동을 촉진하는 이른바 '아름다운 마음의 기능'만 떠올리기 쉽지만, 사회성을 유지하고 공동작업을 촉진하려면 공동체를 파괴하는 개인의 행동을 처벌하고 억제하는 일도 중요해진다. 이것이 이 책에서 내내 이야기하고 있는 부정적 감정의 긍정적 기능이다. 이렇게 하여 시기심과 샤덴프로이데가 사회를 유지하기 위해서도 활용되는 것이다. 인간의 경우 집단행동이 종의 보존에 유리하게 작용하므로 집단의 협력행동을 촉진하기 위해 시기심과 샤덴프로이데가 더욱 발달되었다고 보고 있다.

부정적 감정은 집단뿐 아니라 개인에게도 많은 의미가 있다. 타인을 목표로 삼고 스스로 성장하는 데 도움이 되는 시기심이나 자신의 몫을 뺏기지 않으려는 질투심은 개체의 생존에 분명 유리하게 작용한다.

이렇듯 인간의 본원적 감정인 부정적 감정은 너무나 중요하고 살아 있는 한 없앨 수도 없다. 그래도 과하면 너무 힘든 감정이니 의식적으로 그 감정을 제어하는 법을 익히는 것이 인간으로서 유효하고 유익한 선택일 것이다.

나는 부정적 감정을 콘트롤하는 데 가장 좋은 방법은 뭐니뭐니해도 자존감을 강화하는 것이라고 생각한다. 시기나 질투, 원한, 정의감을 가장한 쾌감 등에 빠진 사람에게는 공통적으로 자존감 저하가 나타났다. 자존감 저하로 인한 불쾌감을 해소하기 위해 부정적인 감정이 생겨나며, 뇌는 개체에 그 원인 요소를 배제하라는 명령을 내린다. 그러므로 자존감이 저하되지 않으면 부정적 감정도 발생하지 않는다. 그런데 자존감이 낮아지는 주요 원인이 인지 왜곡이므로 이를 고쳐나가는 것이 중요하다. 자신의 존재만으로도 풍요하다는 사실, 자신이 존중받아 마땅한 존재라는 사실을 왜곡 없이 인정하는 것이 감정 제어의 첫걸음이다.

남성에게는 정의
여성에게는 공감

불만처리업무 컨설턴트인 세키네 신이치關根眞一는 자신의 저서《일본불만백서日本苦情白書》에서 설문조사를 바탕으로 한 흥미로운 결과를 소개했다. 불만에 대한 대응에서 남녀의 생각이 전혀 다르다는 것이다.

'불만을 제기하며 성의를 보이라고 요구했을 때 어떻게 해야 만족스럽다고 생각하는가'라는 질문에서 남성의 경우 '정직'이 28.4퍼센트로 1위를 차지한 반면 여성의 경우 '이야기

부정적 감정에도
의미가 있습니다

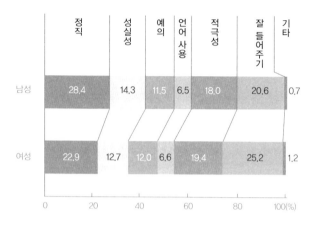

	정직	성실성	예의	언어 사용	적극성	잘 들어주기	기타
남성	28.4	14.3	11.5	6.5	18.0	20.6	0.7
여성	22.9	12.7	12.0	6.6	19.4	25.2	1.2

[그림 3] '불만을 제기했을 때 어떻게 해야 만족하는가?'
(경험으로 느낀 것을 두 가지만 적으시오)

잘 들어주기'가 25.2퍼센트로 1위를 차지했다. 남성은 정직하고 간결하게 말하는 담당자를 좋게 평가하는 데 비해 여성은 자신의 말을 잘 들어주는 친절한 담당자를 좋게 평가했다는 것이 세키네의 해석이다.

이 조사는 부정적인 감정을 처리하는 데 있어 남성과 여성의 차이를 드러냈다는 점에서 흥미롭다. 남성은 정의와 정직이라는 규칙에 기초하여 자신이 가한 제재나 처벌에 대해 상대가 반성하는 과정이 뒤따라야 불만이 해소된다.

그런데 여성의 불만처리 과정은 이와는 약간 다르다. 세키네는 시사주간지 《다이아몬드》의 온라인 기사에서 여성의 불

만을 처리할 때 어떤 자세로 임해야 하는지 다음과 같이 설명
했다.

> 우선 모든 불만을 들어주는 것이 중요합니다. 이번 사건과는
> 직접 관계없는 불만이라 해도 일단은 다 들어줍니다. 그런 후
> 에 어떻게 대처했는지를 시간 순서대로 자세히 설명합니다.
> '그때 그 사실을 알게 되어 이렇게 했습니다', '상황이 달라져
> 서 대처방식을 이렇게 바꾸었습니다'라는 식으로 시간을 들
> 여 정성껏 대응하면 여성은 내 말을 잘 들어주었다며 만족해
> 합니다. 마지막에 '귀중한 의견은 향후 개선에 잘 반영하겠습
> 니다'라고 말하면 만족도가 더욱 올라갈 것입니다.

 남성에 비해 세로토닌 합성능력이 떨어지는 탓에 불안감이
더 높은 여성의 특징을 배려한 적확한 대응이라고 할 수 있다.
여성의 불만은 불안과 떼려야 뗄 수 없는 관계다. 이에 비해
처벌감정이 높은 남성의 경우 정확한 사태판단과 함께 시시비
비를 가리고 잘못에 대해 확실히 반성하는 태도를 보이는 것
이 중요하다.
 지금까지의 연구결과를 보면 남성의 처벌감정이 여성보다
강하다. 남성은 왜 그런 무거운 짐을 짊어지게 되었을까? 여

부정적 감정에도
의미가 있습니다

기서는 자세히 논하지 않겠지만 참고로 언급하자면, 인간의 경우 집단의 협력행동을 유지하기 위해 필요한 제재행동, 즉 생선을 전통적으로 남성이 담당해왔다. 사람은 조류 등과는 달리 남성이 여성보다 몸이 크고 힘이 세다. 즉 제재행동을 하기에 남성이 적합했던 것이다. 따라서 남성의 경우 제재행동을 취하기 위해 뇌에 구비된 처벌감정의 스위치가 여성보다 쉽게 작동되도록 진화되었다고 생각된다.

남성의 부정적 감정은 신체적인 강력함 때문에 과격해지기 쉬우며 정의의 탈을 쓸 때가 많아서 제지하기 어렵다는 특징이 있다. 가정, 학교, 기업 등에서 남성의 부정적 감정이 유감스러운 형태로 표출되는 사례는 셀 수 없이 많다.

만약 남성의 제재행동을 피하고 싶다면 그 남성 나름의 정의의 규칙에 따라 행동하고, 정직성과 성실성을 보여주는 것이 좋다. 한편 여성이 제재행동을 취할 때는 불안감이 그 동기가 되었을 가능성이 높으므로 여성의 불안과 불만을 이해하고 수용했다는 의사를 전달하는 것이 가장 중요하다.

마음대로 되지 않는
'생'의 괴로움

우리는 누구나 괴로운 감정을 안고 산다. 예로부터 인간이 품게 된 어쩔 수 없는 이 고통은 종교가 해결해야 할 주요 과제이기도 했다.

정신과의사이자 정신분석학자인 고자와 헤이사쿠古沢平作는 옛 인도의 아자세 왕자 이야기에서 실마리를 얻어 '아자세 콤플렉스'라는 개념을 만들어냈다. 프로이트의 오이디푸스 콤플렉스가 유럽적(일신교적) 부권사회를 반영하는 데 비해 아자세 콤플렉스는 동양적(범신론적) 모성사회의 모자관계에서 생겨나는 무의식적 갈등을 대변한다.

인도에는 어머니의 배 속에서부터 부모와 세상에 원한을 품었던 사람의 이야기가 전해져 내려온다. 이 이야기의 주인공은 옛 인도 왕사성에서 범비사라 왕과 이다이케 왕비의 첫 아들로 태어난 아자세 왕자다. 아자세 왕자의 이야기는 《열반경》과 《관무량수경》이라는 불교 경전에 기록되어 있다.

왕가에서 고대했던 왕자로 태어났으니 아자세 왕자의 삶은 더없이 축복받고 풍요로웠을 것 같다. 그러나 그는 태어나기 전부터 부모에게 원한을 품었다. 왜였을까?

부정적 감정에도
의미가 있습니다

아기를 기다리던 이다이케 왕비가 한 점술사를 찾아가니 그는 3년 후에 뒷산의 선인이 죽으면 그가 왕비의 아들로 환생할 것이라고 예언을 해준다. 그런데 빔비사라 왕과 이다이케 왕비는 3년이라는 세월을 기다리지 못하고 선인을 살해하고 만다. 선인은 다음 생에 이 원한을 반드시 갚을 것이라는 말을 남기고 죽는다. 왕과 왕비는 예언대로 곧 아이를 낳았고 이 아이에게 아자세라는 이름을 붙여주었다. 그런데 점술사가 다시 예언하기를 그 아이가 전생에 살해당한 원한 때문에 미래에 부모를 죽인다는 것이다.

이처럼 태어나기 전부터 부모에게 원한을 품었다는 이유로 아자세에게는 미생원未生怨이라는 별명이 붙었다. 태어나기도 전에 원한을 품다니, 그 얼마나 불온한 이름인가.

선인을 죽여서라도 잉태하고 싶었던, 그다지도 열망했던 아이지만 정작 그 아이는 자신들에게 살해당한 원한을 품고 있다. 그리고 그 원한을 풀기 위해 자신들을 죽일지도 모른다. 그렇게 생각하자 그들은 무서워서 견딜 수가 없었다. 그래서 결국 왕과 왕비는 높은 탑 위에서 아기를 떨어뜨려 죽이기로 결심한다. 그러나 아기는 손가락 하나만 잃고 목숨을 건진다. 그런 이유로 아자세는 지절指折이라고도 불린다.

이처럼 처절한 환경에서 자란 아자세는 장성한 후에 누군가의 꼬임에 빠져 자신의 출생의 비밀을 듣게 되고, 격분한 끝에 부왕을 가두어버린다. 그리고 부왕을 몰래 도와준 이다이케 왕비도 감금한다. 그런데 그 후 아자세는 어떤 계기로 부왕이 자신을 무척 소중히 여겼다는 사실을 알고 원한을 풀게 된다. 그러나 아버지를 구하라는 아자세의 명령을 받고 감옥으로 달려오는 사람들의 발소리를 들은 부왕은, 아들이 자신을 죽이러 온다고 오해하여 스스로 몸을 던져 목숨을 끊는다.

아자세는 왕이 되었으나 아버지를 죽음으로 몰아넣었다는 죄의식에 시달리다가 전신에 피부병을 얻어 극심한 통증에 시달리고 결국 손 쓸 수조차 없는 상태에 이른다. 이때 어머니인 이다이케 왕비가 자신을 사랑으로 극진히 간호하자, 더욱 죄책감에 빠진 아자세는 깊은 참회에 다다른다.

환생, 전생 등은 과학적 근거가 없어 현대의 자연과학 연구자들이 받아들이기 어려운 개념이지만 인간의 무의식적 갈등을 절묘하게 보여주는 이야기다. 고자와에 따르면 이 무의식적 갈등은 다음 세 가지로 구성된다.

① 자신의 기대에 응해주지 않는 어머니에게 품는 원한, 때로는 살의까지 내포한 증오

② 그 어머니에게 받아들여지고 허용되는 체험

부정적 감정에도
의미가 있습니다

③ 어머니의 수용과 허용에 의해 생겨나는 죄책감과 자기
   부정

즉 모든 아이는 태어나면서부터 어머니에 대한 원한과 살의, 그 반발로 일어나는 깊은 죄책감 사이에서 괴로워한다는 것이다. 정신분석학자인 오코노기 케이고小此木啓吾는 아자세 콤플렉스가 일본적 모자관계에 입각한 심리모델로서 전이·역전이 현상*의 이해와 제어에 도움이 될 것이라는 긍정적인 평가를 내린 바 있다.

나는 고자와의 모델을 흥미롭게 생각해서 이 이야기를 좀 바꿔보려 한다. 자아가 아직 발달되지 않은 유아에게 모친은 인격을 지닌 대등한 사람이 아니라 세계 그 자체로 인식된다. 발달심리학 이론에 따르면 이 시기에 세상의 전부인 어머니로부터 부정당하는 경험은 아이의 장래 인격 형성에 큰 영향을 미친다고 한다. 이를 기억하며 아자세의 이야기를 한 번 더 읽어보자. 그러면 고자와가 말한 무의식적 갈등의 구성요소를 다음과 같이 바꿔볼 수도 있다.

* 심리분석을 진행할 때 내담자는 어린 시절 자신의 삶에서 중요한 역할을 했던 사람에 대한 감정을 분석가에게 투사할 수 있다. 이 전이 현상은 내담자의 무의식 분석에 도움이 된다. 반대로 내담자의 전이에 의해 분석가가 일으키는 감정적 반응을 역전이라 한다. 분석가에게는 이를 긍정적으로 활용하는 역전이 관리능력이 필요하다.

① 자신의 기대에 응해주지 않는 세상에 품는 원한, 때로는
　살의까지 내포한 증오
② 그 세상에게 받아들여지고 허용되는 체험
③ 세상의 수용과 허용에 의해 생겨나는 죄책감과 자기부정

어머니를 '세상'으로 바꿔보았다. 어떤가? 바꿔본 구성요소
에 따르면 우리는 어머니에게 부정당했다가 허용됨으로써 무
의식적 갈등을 겪게 되듯 세상에 부정당했다가 허용되는 경험
으로 인해 갈등을 겪게 된다.

　세상이 생각대로 돌아가지 않을 때 인간은 부조리함을 느끼
는데, 그중 어떤 사람은 세상을 바꾸려고 싸우고 어떤 사람은
세상이 자신을 인정하도록 필사적으로 노력한다. 또 어떤 사람
은 세상에 원한을 품은 채 공격과 파괴를 시도하고, 그것도 아
니면 도라도 닦듯 체념하고 무기력한 세월을 보내기도 한다.

　하지만 살아 있는 것, 태어난 것 자체가 자신의 힘으로는 어
쩔 수 없는, 마음대로 안 되는 일이다. 어찌보면 원하지도 않
았는데 태어났고 살아야 한다는 것 자체가 원한의 근본일지도
모르겠다.

　태어나고 싶었던 것도 아닌데, 어느 날 눈을 떠보니 이 세상
에 와 있었다. 이왕 태어날 바에는 부잣집에서 태어났으면 좋

부정적 감정에도
의미가 있습니다

았을 걸. 명망 있는 집안에서 태어났다면, 건강하게 태어났다면, 아름답게 태어났다면, 똑똑하게 태어났다면, 남자였다면, 여자였다면, 다른 나라에서 태어났다면…. 그랬다면 어땠을까? 조금만 일찍 태어나 경기가 좋을 때 살았다면 시험도 취직도 연애도 결혼도 쉬웠을 텐데 말이다.

누구나 이런 생각을 한 번쯤은 해보았을 것이다. 원하지도 않았는데 왜 이렇게 마음대로 되지 않는 세상, 부조리한 세상에 태어나 괴로움 많은 인생을 살아야 하는 걸까? 좌절과 실패를 만나면 특히나 이런 생각을 하게 마련이다. 이런 근본적인 물음은 인류가 사고를 시작한 이래 끊임없이 계속되어왔고, 위대한 성인과 철학자, 종교인들이 나름의 그럴듯한 해답을 말해주고는 했다.

불교의 시조인 석가모니가 어떻게 출가하게 되었는지를 말할 때 자주 언급되는 것이 사문출유四門出遊*일화다. 석가모니가 성 밖으로 네 번 나갔다가 인간의 피할 수 없는 운명인 생

---

* 성의 동문을 나가서 노인을 만난 싯다르타(석가모니의 어릴 적 이름)는 인간은 늙을 운명을 벗어날 수 없다는 것을 알게 되었고, 동문을 피해 남문 밖으로 나가서 병든 사람을 만나고는 모든 인간은 병의 괴로움을 피할 수 없다는 것을 알게 된다. 그래서 남문을 피해 서문으로 나갔더니 시신을 운반하는 장례행렬을 마주치고는 모든 인간은 죽음을 피할 수 없다는 것을 알게 되었다. 이후 동문, 남문, 서문을 피해 북문으로 나갔는데 그곳에서 우아하고 존귀한 모습의 수행자를 만났고, 도를 찾아 수행하고 있다는 그의 말을 듣고는 수행자가 되어 출가할 것을 결심했다고 한다.

로병사를 깨닫고 출가하게 되었다는 일화다. 이 사문출유 일화에서 알 수 있듯 불교는 근본적인 '고苦'를 생로병사로 나누고 있다. 그런데 여기서 고란, 문자 그대로 '괴로움'이 아니라 '마음대로 되지 않는' 것을 뜻한다. 즉 인간이 살아가는 동안 겪게 되는 마음대로 되지 않는 것, 노력으로는 어쩔 수 없는 것의 최고봉이 생로병사라는 것이다.

그런데 예리한 사람이라면 생각대로 되지 않는 네 가지 중 하나만이 나머지와 다르다는 사실을 알아챘을 것이다. 로와 병과 사는 석가가 성문 밖에 나갔다가 마주친 구체적인 고의 모습이었다. 그러나 생은 조금 이상하다. 생이 왜 네 가지 고 중에 포함되었을까?

여기서 아자세의 이야기를 떠올려보자. 아자세 이야기에 처음 등장하는 선인의 원한은 죽고 싶지 않은 마음으로 바꾸어 생각할 수 있다. 일반적으로 무조건 살아 있는 것이 죽은 것보다 낫다고 여겨진다. 그런데 인간 중에는 스스로 죽음을 선택하는 개체가 종종 있고 현대사회에서는 그 수가 많아지고 있다. 임상에서 실제로 환자를 접하는 의사들의 공통적인 견해는, 사실 이런 선택을 하는 사람의 마음 밑바닥에는 죽고 싶은 마음이 아니라 고통뿐인 삶을 그만 끝내고 즐겁게 살고 싶은 마음이 있다는 것이다. 즉 자살이라는 선택은 자신의 삶을 마

부정적 감정에도
의미가 있습니다

음대로 할 수 없는 것에 대한 분노, 공포, 불안의 결과라는 것이다.

'생이야말로 가장 큰 괴로움인데 나는 그 괴로움을 겪으면서 왜 존재하는 것일까?'

싯다르타 왕자는 태어난 것 자체가 생각대로 할 수 없음, 즉 고임을 꿰뚫어 본 것이다.

이렇듯 생만큼 자신의 노력으로 어찌하지 못하는 것도 없다. 언제인지 눈을 떠보니 이미 태어나 있었고, 특별히 원했던 삶은 아니지만 죽기도 괴롭다.

이러한 이야기가 인생의 괴로움에 대해 흡족한 대답이 되어줄 수도 있고 그렇지 않을 수도 있다. 하지만 종교가 정신적 안정에 도움이 된다는 사실은 널리 증명되어 있다. 과학적 지식이 풍부한 현대를 사는 사람이 그런 설명을 있는 그대로 받아들이기란 편치 않겠지만 말이다.

인생의 어떤 모드를
선택할 것인가

우리는 왜 괴로운 감정에 시달리면서 살아야 할까? 사람에게는 왜 부정적인 감정이 생기는 걸까? 이 책에서도 지금까지 이 문제에 대해 거듭 이야기했지만 사실 이는 인간이 가진 큰 수수께끼 중 하나다. 과학은 일단 이에 대해 '부정적 감정이 있어야 적응과 생존에 유리하다'는 답을 내놓았다. 또 뇌과학자로서 나는 이렇게 답할 것이다.

"부정적 감정이 사람을 강하게 만들기 때문입니다. 하지만 지나치게 강해져도 곤란하니 부정적 감정에는 죄책감 같은 제동장치도 마련되어 있습니다."

그러나 그렇다고 해서 "그렇습니까? 그러면 어쩔 수 없군요"하고 간단히 넘어갈 만큼 부정적인 감정이 쉽게 처리되는 것은 아니란 걸 잘 안다.

부정적 감정의 처리는 무척이나 고단한 일이다. 나는 이 고단한 일을 매번 반복하게 만드는 뇌라는 장치가 얼마나 세련되지 못한지 종종 절감하고는 한다. 우리는 괴로워하면서도 부정적 감정을 버리지 못하고 살아간다. 그런데 이렇게 부정적 감정을 품은 것도 뇌, 부정적 감정을 품은 자기자신을 의식하고 그것에 괴로움을 느끼는 것도 뇌다.

많은 뇌과학자들이 뇌를 가리켜 '훌륭한 기관', '미지의 기능이 가득한 꿈의 기관', '무한한 가능성을 지닌 기관'이라고 하지만 나는 솔직히 말해 그 생각에 동의하지 못하겠다. 나에

부정적 감정에도
의미가 있습니다

게 뇌란 오히려 이런 괴로움을 스스로 늘 관찰하게 만들면서 중단도 하지 못하게 하는 극히 부조리한 상황을 만들어낸 악의 근원이다. 게다가 모든 기능은 죄다 제각각이라 서로 원활하게 경쟁하거나 협력하지 못하고 계속 삐걱거리니, 엄청나게 졸렬하며 문제투성이인 기관이라고 해야 마땅하다. 솔직히 소화기나 순환기 쪽이 훨씬 완성도가 높고 아름답다. 하지만 소화기나 순환기가 뇌처럼 문제를 자주 일으키지 않는 것, 다시 말해 완성도가 높은 것은 아마 그것들이 뇌보다 훨씬 긴 진화의 역사를 거쳐 살아남았기 때문일 것이다.

그런데 뇌에는 어떤 기관보다도 뛰어난 점이 있다. 뇌라는 하드웨어를 갱신하려면 몇 십 세대라는 긴 세월이 필요하겠지만, 소프트웨어는 자유자재로 탑재할 수 있다. 즉 뇌라는 기관 자체가 크게 달라지지 않아도 그 속의 인지는 언제든 바뀔 수 있는 것이다.

게임에 비유하면 지루한 이지 모드보다 고통으로 가득한 하드 모드가, 하드 모드보다는 익스트림 모드가 더 재미있는 법이다. 그리고 게임의 승패에 대해 남들이 뭐라고 하든 인생의 성패는 결국 스스로 정의하기에 달렸다. 인생의 규칙은 그런 것이다. 원한이든 분노든 시기든 질투든, 부정적 감정을 마음껏 불태우며 날뛰는 것도 자기 자유고, 그런 감정을 능숙하게 제어하며 장래의 성장을 꾀하는 것도 자기 자유다. 감정과 인지의 모드를 자유자재로 콘트롤하면서 자신이 만족할 만한 우아한 생활을 설계하고 그에 따라 살아가는 것이야말로 부조리한 세상에 태어난 우리 '생'의 원한을 시원하게 풀어내는 최대의 복수라고 나는 생각한다.

부정적 감정에도
의미가 있습니다

부정적 감정에 시달리는 살리에리 선생님, 그리고 우리에게

부정적 감정에도
나름의 이유가 있어요

뇌과학자 나카노 남들은 달관했다고 생각할지도 모르지만, 사
실 가장 괴로워했던 사람들이 뇌과학자와 심리학자가 아
닐까 싶어요. 부러움, 시기심, 원한 등 이른바 부정적 감
정에 가장 민감한 사람들이 대체로 심리학자와 뇌과학자
를 지망하기 때문이죠. 부정적 감정에 민감하기 때문에
그 감정을 의식적으로 어떻게든 해보고 싶어서 공부를 시
작하는 거지요.

심리학자 사와다 맞아요. 저도 그렇게 생각해요. 저는 초등학교

부정적 감정에 시달리는
살리에리 선생님, 그리고 우리에게

때 너무 뚱뚱해서 다른 사람들이 당연하게 하는 운동을 한 가지도 제대로 못했어요. 게다가 친구도 잘 만들지 못했죠. 그래서 뭐든 쉽게 하는 것처럼 보이는 사람들과 모든 일이 어려운 저 사이에는 마치 큰 강이 흐르고 있는 것 같았어요. '나도 저쪽 기슭에 가고 싶어'라고 생각하면서도 좀처럼 도달할 수 없는, 답답한 시절이 있었습니다. 그러다 대학생쯤 되었을 땐가, 그런 마음이 과연 어디에서 와서 어디로 가는지 자세히 알고 싶어졌어요. 그래서 시기심을 연구하기 시작했죠.

뇌과학자 뇌과학자와 심리학자는 각기 다른 관점과 방법으로 부정적 감정을 연구하지만, 공통점은 괴로워하면서 살아가는 나 자신과는 또 다른 위치, 즉 학자라는 위치를 획득함으로써 그 괴로움을 객관적으로 볼 수 있게 된다는 겁니다. 이를 통해서 극복하는 방법을 알게 되는 거죠. 이것이 학문의 좋은 점이기도 하고요. 이런 관점을 '메타 인지'라고 하는데, 자신의 감정을 학문이라는 관점으로 바라보면 부정적 감정이 주는 괴로움과 직접적인 상처를 극복할 수 있습니다. 의식적으로 충격을 완화할 수 있게 되는 거죠. 이 책을 읽는 여러분들도 저처럼 부정적 감정을 객관적으로 바라보는 관점을 활용해서 괴로움과 충격을 완화했으면 좋겠습니다.

심리학자 맞는 말씀입니다. 저는 뚱뚱했을 때의 나 자신, 즉 옛 날의 저 자신과는 항상 적당한 거리가 유지되는 덕분에 메타 인지가 쉽습니다. 시기심은 약한 원한과도 같은 건 데, 시기심을 연구하다 보면 적어도 시기심이 원한으로까 지 발전하지는 않을 거라고 생각해요.

뇌과학자 시기심이 깊어지면 원한이 되죠.

심리학자 부러움, 시기심, 원한을 별개의 감정으로 생각하기 쉽습니다. 그러나 이것들은 사실 연속된 스펙트럼 같아서 어디까지가 시기고 어디부터가 원한인지 그 경계를 나누 기가 쉽지 않아요.

뇌과학자 뇌구조도 마찬가지예요. 뇌의 어디까지가 언어에 관 련된 부분이라고 구분지을 수가 없어요. 부조리에 대한 감 정 등 유사한 감정들 역시 서로 뒤섞여 있어서 경계를 정 하기가 어렵습니다.

부정적 감정에 시달리는
살리에리 선생님, 그리고 우리에게

심리학자 이성과 감정도 마찬가지죠. 별개로 생각하기 쉽지만 감정은 극히 이성적인 상황에서 생겨나기도 하니까요. 만원버스 안에서 사람들에게 시달리다 보면 짜증이 솟구치잖아요. 하지만 이런 불쾌감은 넘어지지 않고 자신을 보호하기 위해 생겨난 감정일지도 모릅니다. 아무리 밀쳐도 태연하다면 결국은 더 위험한 상황을 초래할 수 있으니까요. 따라서 부정적 감정에는 사실 극히 이성적이고 적응적인 특성이 있습니다.

뇌과학자 모든 인간에게 부정적 감정이 구비된 것은 그런 감정을 갖고 있는 개체가 환경에 대한 적응력이 높았기 때문이겠죠. 사람은 원한과 시기심을 품은 자신에게 혐오감을 느끼게 마련이지만 부정적 감정에도 그 나름의 기능이 있다는 사실을 알면 마음이 좀 편해집니다. 원한 같은 부정적인 감정은 사실 살아가는 데 큰 도움이 됩니다. 심지어 자신만이 아닌 주변 사람에까지 도움이 된다는 사실을 알았으면 좋겠어요.

우리는 무언가를
갖고 싶어 합니다

뇌과학자 생각해보면 저는 인간적인 사람, 사교적인 사람을
무척 시기했어요. 코미디언 같은 사람이 대표적이죠. 반
응이 빠르고 언변에 능한 코미디언들이 남의 인지를 쉽게
바꾸는 것을 보면 지금도 부럽다는 생각이 자주 듭니다.
저도 웃음으로 인간의 인지, 즉 타인의 '세상 보는 눈' 자
체를 바꾸는 기술을 갖고 싶었어요. 그러나 그럴 수 없었
어요. 저는 어릴 때부터 남과 잘 사귀지 못해서 주변에서
이상한 아이라는 말까지 들었으니 도저히 무리였을지도
모르죠.

피아노 연주자도 일단은 타고난 재능이 있어야 하고, 거
기에 노력이 더해져야 일류 피아니스트가 될 수 있잖아
요. 선천적 요소가 필수인 셈이죠. 코미디언도 마찬가지
라고 생각해요. 일단 소질이 있어야 하고, 거기에 노력을
더해야 하죠. 그들은 일단 정보처리 속도가 빨라요. 머리
회전이 빠른 거죠. 게다가 상황판단력이 엄청나게 좋습니
다. 그뿐 아니라 일선에서 활약하는 사람들은 이런 능력
을 실전훈련을 통해 계속 연마합니다.

부정적 감정에 시달리는
살리에리 선생님, 그리고 우리에게

그들은 아슬아슬한 발언을 해도 욕을 먹지 않을 때가 많아요. 오히려 시청자는 그것을 통쾌하게 느낍니다. 정말로 부러워요. 저로서는 도달하기 어려운 경지지만 그래도 그런 능력을 갖고 싶습니다. 아마도 저에게 남을 통제하고 싶은 욕구가 있는 모양이에요.

심리학자 코미디언은 다른 사람을 자신 쪽으로 끌어당기는 데 전문가입니다. 슬픈 이야기를 교묘하게 그물처럼 던져서 사람들을 끌어당기기도 하고요. 그런 이야기를 절묘한 타이밍에 풀어놓으니 더 재미있는 거겠죠. 그 자연스러움과 반사신경은 저도 정말 부럽습니다. 같은 말을 해도 타이밍이 어긋나면 정말 재미가 없잖아요.

뇌과학자 타이밍도 그렇지만, 똑같은 말이라도 다른 사람이 하면 불쾌감을 사는 경우가 있어요. 예를 들어 저 같은 사람이요.

심리학자 자신에게 없는 능력을 가진 사람에게 품는 감정이 시기심인데, 앞에서 말했다시피 그중에도 온화한 시기심과 악의적 시기심이 있습니다. 연예인에 대한 시기심은

온화한 시기심이죠. 원한으로 변하는 시기심이라기보다
는 오히려 그 사람처럼 되고 싶다는 동경에 가깝습니다.
그렇지만 동경의 대상이 너무 멀리 있는 것처럼 느껴지고
내가 그렇게 될 가능성이 너무 낮아 보인다면 나를 성장
시켜야겠다는 의욕이 사라지기 쉽습니다. 그래서 시기심
을 긍정적으로 활용하려면 시기하는 대상과 자신 사이에
거리감이 적당하게 있어야 하고, 자신의 위치를 가늠할
능력도 필요하죠.

질투는 과거형,
시기는 미래지향적 감정이지요

뇌과학자 본격적으로 공부를 시작하기 전에 전 정말 마음고생
   을 심하게 했어요. 그렇지만 그 고통을 그냥 당하고만 있
   을 수는 없다는 오기가 생겼어요. 어떻게든 해결책을 찾
   으려고 계속 조사하고 연구했지요. 그때 학문을 발견했는
   데, 그것이 가장 빠른 길일 것 같았습니다.

심리학자 그렇군요. 저는 여러 감정 중에서도 '마음의 고통'의

부정적 감성에 시달리는
살리에리 선생님, 그리고 우리에게

일종인 부정적 감정에 관심이 갔어요. 그 돌파구가 학문에 있을 것 같아서 연구를 시작했습니다. 저처럼 심리학을 지망한 사람 중에는 과거에 집단따돌림이나 학대 등을 당해 상처가 있는 사람이 많습니다. 자신이 괴로운 일을 당했기 때문에 비슷한 처지의 타인을 돕고 싶은 것 같아요. 그런데 저는 거기에도 약간 문제가 있지 않나 생각해요. 사실 자기 코가 석자인 상황이니까요. 자기자신을 치유하지 못하는 사람은 타인을 치유할 때 힘들지 않을까요?

뇌과학자 그렇죠. 의사와 임상심리사 중에도 다른 사람을 돕는 것 자체를 보상으로 생각해 상호의존에 빠지는 사람이 있습니다. 어떤 경우에는 상대가 낫는 것을 기뻐하면서도 완전히 나아서 자신에게서 멀어질까 봐 두려워하기도 해요.

심리학자 학대를 당하며 자란 아이들은 자라서 아주 난폭해지거나 지나칠 정도로 친절해질 수 있습니다. 학대의 경험 때문에 친절한 성격을 갖게 된 사람들은 친절을 베풀어서 상대를 통제하고 관계의 주도권을 쥐려고 합니다.

뇌과학자 그야말로 상대를 자신에게 중독시키려는 거죠. 그래
도 이런 자신의 심리를 자각하는 경우는 그나마 괜찮지
만, 스스로 그것을 모르는 사람도 많아요. 드라마 〈다멘즈
워커〉*에 등장하는 나쁜 남자와 착한 여자 같은 관계를 생
각하면 됩니다. "그 사람은 내가 없으면 안 돼"라고 말하
지만 사실은 그 사람이 없으면 자신이 불안해지거든요. 그
사람이 언젠가 자립한다고 생각하면 불안해서 견딜 수가
없고요.

심리학자 그 드라마에 등장했던 것과 같은 착한 여자는 나쁜
남자가 자립하면 자신이 곤란해집니다. 그래서 상대가 나
쁜 사람으로 머물러주길 바라고, 일부러 나쁜 사람을 고
릅니다. 이는 '자기확증'이라고 할 수 있는데, 나쁜 사람
을 자기 주변에 두고 그 사람은 자신이 없으면 안 된다고
생각함으로써 자기 존재를 확인하는 거지요. 상대가 당연
히 자신을 의지해야 한다는 생각이 강한 만큼 배신당했다
고 생각되면 격렬한 질투심에 사로잡힙니다.

* 나쁜 남자만 사랑하게 되는 여성들이 괜찮은 남자를 만나기 위해 악전고투하는 과정을 그
린 일본의 드라마다. 아사히 TV에서 2006년에 방영했다.

부정적 감정에 시달리는
살리에리 선생님, 그리고 우리에게

뇌과학자 그들은 주변에서 자신이 헌신하기 좋은 사람만 골라 그런 관계들로 자신을 둘러쌉니다. 이들은 자신을 필요로 했던 사람이 자립하는 것을 가장 두려워해요. 그래서 나쁜 남자에게 자립을 촉구하는 주변인들에게 질투심을 느낍니다. 자신의 자원을 보호하려는 심리기능이 질투니까요. 잃어버릴까 두려워하는 마음이 클수록 질투심도 커지기 쉽습니다.

심리학자 질투도 필요한 감정입니다. 그래서 젖먹이 아기도 부모가 자신 이외의 누군가에게 관심을 기울이면 질투를 하게 되어 있습니다. 이는 아기가 부모의 애정을 느낀다는 증거입니다. 질투는 자신의 소유를 빼앗길지 모를 때 생기는 감정이니까, 애정을 느끼지 못한다면 애정을 빼앗길까 봐 불안할 리가 없지요. 하지만 지나치게 민감해지면 문제가 생깁니다. 인지증(치매) 환자들이 자신의 아내나 남편이 불륜을 저지른다고 믿는 질투망상증에 종종 빠지는 것도 자신의 소유를 빼앗길까 두려운 마음이 시기와 의심을 증폭하기 때문입니다.

뇌과학자 시기심은 자신에게 없는 것을 가진 상대에게 품는 감정이니 질투보다 이성적이라고 할 수 있습니다. 그에 비해 질투는 좀더 원시적입니다. 동물도 영역이나 파트너를 빼앗기면 질투를 하니까요.

심리학자 인간도 아주 일찍부터 질투를 합니다. 이는 부모와의 관계 등 특별한 관계를 통해 얻을 수 있는 자원을 남에게 빼앗기지 않기 위해 구비된 기능입니다. 질투 같은 부정적 피드백이 없다면 자원을 속수무책으로 빼앗기게 될 것입니다. 이런 감정은 살아가기 위해, 그리고 자신을 지키기 위해 만들어진 장치입니다. 질투심이 있어야 자원을 빼앗는 사람에게 항거할 수 있습니다. 그런데 질투는 '전에 내것이었으니 지금도 내것이어야 한다'는 현재형과 과거형의 감정입니다. 그에 비해 시기심은 자신에게 없는 것을 원하는 감정이므로 자신의 권리를 주장할 여지가 없는 반면, 자신에게 없는 것을 원하는 감정이기 때문에 진취적이며 미래지향적이라고 할 수 있습니다.

부정적 감정에 시달리는
살리에리 선생님, 그리고 우리에게

다르다고 생각되면
받아들여지기 힘들어요

심리학자 실례일지도 모르겠지만, 제가 처음 나카노 선생을
만났을 때는 돌덩이 같았어요(웃음). 하지만 몇 년 후에
다시 만났더니 훨씬 둥글둥글해져 있더군요. 사람을 훨씬
부드럽게 대한다는 느낌이었습니다. 자신의 희망과 목표
를 향해 노력하는 자세가 멋져 보입니다.

뇌과학자 그런가요? 저는 어릴 때부터 곧잘 친구를 만드는 사
람, 어디서든 살아갈 수 있을 듯한 사람, 항상 즐거워 보
이는 사람이 부러웠고, 그들의 행동을 보고 배워야겠다고
생각했어요. 너무 호들갑을 떠는지도 모르지만, 정말 힘
들었기 때문에 어서 고통을 해소하고 싶다, 나서서 무언
가 해야겠다는 생각이 정말 간절했어요.

심리학자 고통이라면?

뇌과학자 제 내면의 고통을 설명하기는 어렵습니다. 눈에 보이
는 결함이나 결핍은 오히려 쉽지요. 결함이 눈에 보이면

노력하는 모습도 겉으로 잘 드러나거든요. 그러나 남과 자연스럽게 어울리지 못하는 결함이나 결핍은, 사실 남의 눈에 잘 보이지가 않아요. 눈에 보이지 않기 때문에 고치려고 노력하는 모습도 잘 드러나지 않고요. 본인은 필사적으로 노력하는데도 그것이 눈에 띄지 않는 탓에 정상적으로 행동하지 못하는 것은 네가 노력하지 않은 탓이라는 말을 듣게 됩니다. 부모님과 선생님은 저를 이상한 아이로 취급했어요. 그들은 그렇게 부정적인 피드백을 하면서도 적절한 방침을 주지 않더군요. '아무개는 저렇게 훌륭하잖니', '옆집 누구는 그렇게 잘한다던데'라고 비교하기 일쑤였고요. 이쯤에서 여전히 포기하지 않고 잘해보려면 알아서 노력하는 수밖에 없습니다. 적절한 행동을 자연스럽게 취할 수 없다면 어쩔 수 없이 배워야겠죠.

심리학자 그것이 연구를 시작한 계기였던 거죠?

뇌과학자 학문의 길에 들어서는 계기가 되기는 했습니다. 그런 상황에 놓였을 때 가능한 전략은 두 가지죠. 첫째는 공부를 열심히 해서 인간의 특성과 경향을 배우는 것입니다. 또 공부를 잘하면 친구들도 손가락질하지 않고 혼자

부정적 감정에 시달리는
살리에리 선생님, 그리고 우리에게

있어도 별다른 말을 듣지 않아요. 둘째는 사람들이 취하는 적절한 행동을 학습해서 나도 그렇게 행동하도록 훈련하는 겁니다. 시간은 걸리지만 자연스러운 행동을 몸에 익히려면 필요한 과정이지요.

심리학자 저도 종종 특이하다는 말을 들었습니다. 어릴 때 집단따돌림도 당했는데, 뚱뚱하기 때문이라고 생각했습니다. 그래서 살을 뺐더니 실제로 주위의 반응이 조금 달라졌습니다. 외모가 조금 달라졌다고 사람을 다르게 대하다니, 인간이란 단순하고 쉬운 생물이라는 생각이 들었습니다. 하지만 그 생각은 그때뿐이었죠. 사람은 사실 그렇게 단순하지도 쉽지도 않더군요.

그러다 서서히 제가 다른 사람들과 정말로 다르다는 것을 알게 되었습니다. 그다지 놀랍지는 않았지만 인간이란 자신과 어딘가 다른 존재에 너그럽지 않다는 것을 절감했습니다. 차이가 크든 적든 상관없이 말이죠. 저는 초등학교 때 모두가 아무렇지 않게 하던 철봉을 못했어요. 그래서 이상하다는 말을 들어도 어쩔 수 없다고 스스로를 설득했습니다. 그런데 체육 선생님이 부모님께 혹시 저에게 장애가 있는 게 아니냐고 물었다더군요. 다른 사람과 다른 것이 그렇게 문제인가 싶었고, 그 생각 때문에 결국은 시기심을 비롯해 부정적인 인간의 심리를 공부하게 되었죠.

뇌과학자 저는 제가 항상 다수가 속한 세계에서 벗어나 있다고 느꼈습니다. 그래서 남과 섞이지 못하는 자신을 어떻게 다루어야 할지 고민스러웠어요. 무난하다고 평가받는 사람들, 사회에 아무렇지 않게 동화되는 사람들이 정말 부러웠습니다. 그런데 이런 감정이 심화되면 누군가를 마구잡이로 해치고 싶다는 욕구가 커져서 문제를 일으킬 수 있습니다. 자신을 받아주지 않는 사회에 대한 불만이 한계에 달해 폭발하는 거죠.

심리학자 맞아요. 그리고 사회에 대해 소외감을 느끼면 과도하게 예민해져서 스트레스를 받기도 합니다. 저는 강의 도중에 도덕성에 관한 이야기를 했다가 한 학생으로부터 '주류의 관점에 치우친 이야기는 듣고 싶지 않다'는 강의 평가서를 받은 적이 있습니다. 저는 그런 뜻은 전혀 없이 도덕성이란 결국은 올바름과 그름, 선과 악의 판단에 관한 개인적 생각이라는 이야기를 했을 뿐인데 말이죠. 그 학생은 아마도 수업내용보다 '도덕'이라는 말 자체에 발

부정적 감정에 시달리는
살리에리 선생님, 그리고 우리에게

끈했던 모양인데, 무척 당황스러웠습니다.

뇌과학자 도덕을 다른 사람들, 즉 나를 배제한 남들의 규칙이라고 느꼈나 봐요. 모두가 당연한 듯 하는 일을 자신은 못한다는 사실을 뼈저리게 느끼다 보니 도덕이라는 말에 반발하게 되었는지도 모르고요. '남이 싫어하는 일을 하지마라', '친구들과 사이좋게 지내라'라는 규칙에 반발하는 것처럼 말이에요.

심리학자 모든 사람과 사이좋게 지내기란 불가능한 데다 사람에게는 취향이 있는 게 당연한데도 모두 다 사이좋게 지내라고 강요하잖아요. 그래서 사람이 비뚤어지고 집단따돌림이 생기는 겁니다. 애초에 전제가 틀렸거든요. 친구들이 많은 게 무조건 좋은 것도 아닌데, 친구가 많은 아이가 좋은 아이, 외톨이인 아이는 나쁜 아이라고 생각하는 것도 이상해요.

뇌과학자 모든 사람과 사이좋게 지내기란 불가능하다는 것을 알면서도 비합리적인 기대와 신념으로 불가능을 넘어설 수 있는 사람이 주류가 됩니다. 그리고 사회는 그런 사람을 좋은 사람, 바람직한 사람으로 간주합니다. 하지만 비합리적인 기대를 자연스럽게 충족시키는 그런 사람도 있고 애써 비합리성을 묵인해야만 살아갈 수 있는 저 같은 사람도 있는 법이죠. 지금 돌아보니 자신이 이질적이라는 생각에 괴로워하는 사람이 저 말고도 의외로 많았어요. 그래도 여전히 다수파는 아니겠지만요.

독특한 그대로
살면 안되나요

뇌과학자 저는 중학교 때가 가장 힘들었어요. 남자애들은 저를 내버려둬주어서 별 문제가 없었지만 여자애들은 소통의 밀도가 높잖아요. 그래서 여자애들 사이에 있으면 제 자신이 더 이질적으로 느껴졌어요.

심리학자 구체적으로는 어떤 상황이었습니까?

뇌과학자 도무지 여자애들이 무슨 이야기를 하는지 모르겠더군요. 재미있다고 느끼는 부분이 니무 달라서 대화가 지

부정적 감정에 시달리는
살리에리 선생님, 그리고 우리에게

루했어요. 상대편에서도 저를 좋아하지 않았을 테고, 저도 굳이 끼어들고 싶은 생각이 없었어요. 어쩔 수 없는 일이었죠. 그런데도 선생님은 저의 행동을 문제행동이라고 지적하더군요. 협조성이 없다거나 이기적이라거나. 그래서 공부를 잘하면 문제아 취급을 받지 않을 거라 생각했고, 성적은 실제로도 좋은 피난처가 되었습니다. 좋은 성적은 효과적인 수단입니다. 학교 공동체 안에서 치외법권 같은 공간을 만들어주거든요.

이질성은 개성과는 달라요. 하지만 스스로 제가 이질적이라는 사실을 알게 된 것은 다행이라고 생각합니다. 덕분에 인간을 관찰하는 즐거움을 알았고, 연구를 시작할 수도 있었으니까요.

심리학자 저는 초등학교 때가 가장 힘들었습니다. 중학교, 고등학교 때는 특별히 기억나는 일이 없지만, 어린아이들은 사는 세계가 좁다 보니 사소한 차이를 문제삼고 왈가왈부해서 집단따돌림을 시킬 때가 많아요. 어른이 된 다음에는 조금은 개방적인 세상에서 살게 되고 마음에 여유가 생긴 덕분인지 옛날만큼 힘들지는 않습니다. 능력이 크게 달라진 것 같지는 않지만요.

뇌과학자 저도 대학에 들어가 한숨 돌렸어요. 대학은 이질적
인 사람들만 모여 있는 곳 같더군요. 도쿄대는 내가 좋든
싫든 관계없이 이상한 사람이 많아서 정말 좋았습니다.

심리학자 그렇군요. 대학이란 원래 혼돈을 받아들이는 곳이니
까요. 그런데 지금은 그런 장점이 사라져서 안타깝습니
다. 성실하고 순종적인 사람이 많아졌어요. 다양하고 개
성 있는 사람들이 모여 제각각 좋아하는 일을 하는 곳이
라면 더 재미있을 텐데 말입니다.

뇌과학자 맞아요. 독특한 상태 그대로 성인이 되는 사람이 확
줄어들었어요. 요즘은 대부분이 약삭빠르죠. 그런 풍조에
적응하지 못한 사람은 점점 괴로워집니다. '일반'이라는
옷을 입어야만 살아갈 수 있는 사회니까요. 독특한 그대
로 살고 싶어도 세상이 허락하질 않아요. 사회가 다름에
대해 좀더 너그러워지면 좋겠습니다. 자신이 다르다고 느
끼는 사람도 그런 자신을 있는 그대로 받아들이고 세상에
대한 분노와 원한을 품지 않도록 말이죠.

심리학자 나카노 선생은 능력이 방패막이가 되어주고 있지만

부정적 감정에 시달리는
살리에리 선생님, 그리고 우리에게

학문으로 도망치지 못하는 사람도 많습니다. 누군가를 그저 동경할 때는 온화한 상태에 머무르겠지만, 만약 그 사람을 넘어서자고 생각하거나 경쟁의식을 품는다면 시기심이 슬슬 싹틀 겁니다. 그럴 때 능력이 있으면 괜찮겠지만 능력이 없으면 인생이 괴로워져 분노와 원한을 품게 될 위험이 있어요.

뇌과학자 그렇습니다. 인생이 그저 괴롭고 왜 사는지도 모르는 사람이 많습니다. '리아쥬 폭발해버려'라는 인터넷 은어에서도 사람들이 타인에게 느끼는 시기의 감정이 잘 드러납니다.

심리학자 SNS도 마찬가지죠. 그러니 심지어 나카노 선생처럼 TV에 나가려면 상당한 각오가 필요하겠어요.

뇌과학자 그런데 대중은 나카노 노부코가 실제로 어떤 사람인지는 관심이 없어요. 가치 없는 정보니까요. 대중은 자신의 뇌, 자기 주변에서 일어나는 사건에 관한 정보를 원합니다. 그래서 TV에 출연할 때는 그런 정보를 쉽고 간결하게 전달하는 데만 주력합니다. 제가 연예인 같은 재능이 있는 것도 아니고 시청자가 요구하는 역할도 다르니 특별히 걱정하지는 않습니다.

시기심과 원한을 품은
우리에게

뇌과학자 삶이 괴롭다고 느끼는 사람이 많을 겁니다. '있을 곳이 없다', '받아주는 곳이 없다', '이해해주는 사람이 없다'고 말이죠. 하지만 지금 생각해보면, 받아주는 곳이 없어도 아직 살아 있다는 것 자체가 성과입니다. 살아남은 것만으로도 일단은 이긴 겁니다. 왜냐하면 본래 생물은 살아남아서 자손을 남기는 것이 가장 큰 사명이고, 살아 있어야 무슨 일이든 시도해볼 수 있으니까요. 지금까지의 진화과정을 돌이켜볼 때 살아남는 일 이외에는 모두 선택사항입니다. 그렇다면 더 즐거운 일을 찾아서 재미있게 사는 게 제일이겠죠.

심리학자 누구나 부조리한 일을 당하면 상대에게 보복하거나 보란 듯이 잘살겠다고 생각합니다. 그러나 거기에 집착하

부정적 감정에 시달리는
살리에리 선생님, 그리고 우리에게

면 점점 더 괴로워집니다. 높은 위치에 올라가 상대를 통제하려고 하다가 결국은 자기자신이 통제당하게 되는 경우를 많이 봅니다. 요즘 '분노조절'이 유행입니다. 하지만 분노를 나쁘다고 단정하고 억제한다고 다 되는 게 아니에요. 사실 감정을 긍정적, 부정적으로 딱 잘라 나누는 것도 무리가 있고요. 분노든 원한이든 어떻게 활용하느냐에 달렸습니다.

뇌과학자 저는 복수심 때문에 상담을 요청하는 사람들에게 이런 말을 자주 합니다. "우아한 생활이 최고의 복수입니다." 또 그 복수가 과연 무엇을 위한 건지도 물어보지요. 우아한 삶이란 나 스스로가 만족하는 삶입니다. 각자가 생각하는 우아한 삶이 있을 테고, 다 다르겠지요. 중요한 것은 내가 나에게 만족하면 다른 사람의 시선은 중요해지지 않는다는 점입니다. 그러면 부정적 감정이 생길 여지도 훨씬 줄어들고, 콘트롤도 쉬워집니다.

심리학자 큰 만족은 쉽게 얻을 수 없습니다. 그러므로 사소한 만족을 쌓아나가는 것이 훨씬 중요합니다. 사람이면 누구나 갖고 있는 시기심과 원한 역시 분명 작은 기쁨과 즐거움으로 덮어버릴 수 있습니다.

뇌과학자 각자의 삶에서는 무엇을 하든지 개인의 자유입니다.
다만 그 결과는 스스로 책임져야겠죠. 그런 규칙 안에서
좀더 즐겁게 살 방법을 찾아내는 것이 인간다움이라고 생
각합니다.

부정적 감정에 시달리는
살리에리 선생님, 그리고 우리에게

살리에리를위한변명

1판 1쇄 인쇄 | 2018년 10월 23일
1판 1쇄 발행 | 2018년 11월 1일

지은이 | 나카노 노부코·사와다 마사토
옮긴이 | 노경아

펴낸이 | 박남주
펴낸곳 | 플루토
출판등록 | 2014년 9월 11일 제2014-61호

주소 | 04083 서울특별시 마포구 성지5길 5-15 벤처빌딩 510호
전화 | 070-4234-5134
팩스 | 0303-3441-5134
전자우편 | theplutobooker@gmail.com

ISBN 979-11-88569-09-0 (03180)

이 도서의 국립중앙도서관 출판시도서목록(CIP)은 서지정보유통지원시스템
홈페이지(http://seoji.nl.go.kr)와 국가자료공동목록시스템(http://www.nl.go.kr/kolisnet)에서
이용하실 수 있습니다.(CIP제어번호 : CIP2018032577)

 * 책값은 뒤표지에 있습니다.
 * 잘못된 책은 구입하신 곳에서 교환해드립니다.
 * 이 책 내용의 전부 또는 일부를 재사용하려면 반드시 저작권자와 플루토 양측의 동의를 받아
   야 합니다.